Hans Gutekunst

# Kriegstagebücher zu Kriegsschauplätzen der k. u.k. Monarchie 1914-1918

# Die Kriegstagebücher des k. u. k. Korporals Franz Joseph Grimmer 1914-1918

Bearbeitet und herausgegeben
von Hans Gutekunst

Herstellung und Verlag: BoD – Books on Demand, Norderstedt

Bibliografische Information der Deutschen Nationalbibliothek
Die Deutsche Nationalbibliothek verzeichnet diese Publikation in der
Deutschen Nationalbibliografie; detaillierte bibliografische Daten sind im
Internet über http://dnb.d-nb.de abrufbar.

ISBN: 9783748101451

*Gewidmet Solveig und Kjell Ivan Grimmer*

# Inhalt

# Vorwort

Nicht immer gelingt es, nach einem Jahrhundert Dokumente sehr persönlicher Art wie die Aufzeichnungen des Franz Josef Grimmer zu seiner Teilnahme als Angehörigem der k. u. k. Armee am 1. Weltkrieg 1915 bis 1918 zu edieren. Neben anderen Dokumenten wurden die Tagebücher, eine Zeitungsnotiz zur Auszeichnung F. J. Grimmers mit der Silbernen Tapferkeitsmedaille II. Klasse während des Balkanfeldzuges 1915[1] und ein achtundzwanzigseitiges, auf dünnem Seidenpapier niedergeschriebenes „Mein Tagebuch aus den Kriegsjahren 1914-1918" in einer Schachtel nach dem Tod F. J. Grimmers von der Familie im Arbeitszimmer des Verstorbenen gefunden. Sie gelangten über die Enkeltochter Solveig Grimmer und unseren Sohn, den Urenkel des F. J. Grimmer, Kjell Ivan Grimmer, zwecks Transkription und möglicher Bearbeitung an mich. Die Aussagekraft dieser Notizen eines während des I. Weltkrieges zum Korporal aufgestiegenen Angehörigen der deutschsprachigen Bevölkerung Böhmens bestechen durch ihre Einfachheit, nur dem persönlichen Gebrauch und dem persönlichen Erinnern gewidmet, und waren wohl nicht wie ähnliche Tagebücher für eine spätere Veröffentlichung vorgesehen. Die Arbeit an den

---

[1] *Arnsdorf, 15. März [1915] (Von unseren heimischen Kriegern) Herr Franz Grimmer [Arnsdorf], der beim Infanterie-Regiment Nr.42 diente, sich in Schweden befand und im Sommer 1915 von dort hierher einrückte, ist zum Zugführer befördert worden. Nach seiner letzten Karte ist er, der die Kämpfe in Serbien, Montenegro und die Erstürmung des Lovcen mitmachte, mit der Silbernen Tapferkeitsmedaille zweiter Klasse vom Armeekommandanten General von Kövess(ß) persönlich ausgezeichnet worden. Herr Grimmer ist auch bereits Besitzer der Bronzenen Medaille. Viel Glück und gesunde Heimkehr!*

Aufzeichnungen gestaltete sich so intensiv, dass es sich anbot, diese einer größeren Leserschaft zugänglich zu machen.

Das Leben F. J. Grimmers, von seiner Enkeltochter Solveig als „wrestless person" bezeichnet, ist in seiner Bewegtheit bestimmt durch Gebundenheit an die böhmische Heimat, den erlernten Beruf als Glasmaler, seine Zugehörigkeit zur österreichisch-ungarischen Armee der Habsburger Monarchie und der Sorge um Familie und Einkommen.

F. J. Grimmer wird am 23 Januar 1874 geboren. Er ist ausgebildeter Glasmaler in Arnsdorf bei Haida, einer Ortschaft des noch heute durch Glas- und Kristallherstellung bekannten Gebiets in Böhmen, in der heutigen Tschechoslowakischen Republik. Eine sich im Besitz der Familie befindliche Photographie zeigt ihn, wahrscheinlich noch vor der Jahrhundertwende als Soldaten der k. u. k. Armee.[2] Um 1905 bekommt er durch Beziehungen zu einem in Hovmanstorp/Schweden beschäftigten Arnsdorfer Freund eine Anstellung in der dortigen Glasfabrik und zieht mit seiner Frau Maria Amalia und der 1902 geborenen Tochter Maria nach Hovmanstorp. In Eda /Schweden, dem Ort seiner nächsten Anstellung, werden seine Töchter Elisabeth (1907), Viola (1910) und Eugenia (1914) geboren.

Nach der Einberufung des Ehemannes zum österreichisch-ungarischen Heer im März 1915 muss seine Frau, ohne Einkommen in Schweden, mit ihren vier Töchtern nach Arnsdorf zu ihren Eltern ziehen. Nach dem Krieg wechselt die Familie 1919 wieder nach Hovmanstorp, wo die jüngste Tochter Elisabeth 1920 geboren wird.

Nach Stationen in Norwegen (1927-1933 Hovik, Jevnaker), Schweden (1934 Johansfors Glasfabrik), Norwegen (1935 Jevnaker) ist die Arbeitssituation mit Beginn des 2. Weltkrieges in Norwegen schwierig und er arbeitet für 2 Jahre

---

[2] Vgl. Bild im Anhang S.195

wieder in der Johansfors Glasfabrik mit Wohnsitz in Broakulla, danach bis zum Rentenalter wieder in Eda.

Ab 1951 lebt die Familie in Hønefoss (Norwegen). Anna Amalia Grimmer stirbt 1953, F. J. Grimmer 7 Jahre später, am 12. Februar 1960.

Die in den Tagebüchern 1915/1916 und 1918 eingestreuten Zeichnungen von Pflanzenmotiven, Blumen, Ranken u s w zeugen von seinen künstlerischen Fähigkeiten.[3] Ob seine Notiz im Tagebuch 1915/1916 (S.146) *„Du meine herrliche Rose im Thal; Verlag Richard Kühle, Berlin Moritzplatz; Singstimme und Männerchor"* ein Hinweis auf Zugehörigkeit zu einem Männerchor in Arnsdorf ist, bleibt ungewiss.

Solveig und Kjell danke ich dafür, dass sie mir die Tagebücher zur Bearbeitung überlassen haben und Solveig insbesondere für Photos und Informationen zum Lebensweg ihres Großvaters Franz Josef Grimmer.

Berlin, den 12. November 2018
Hans Gutekunst

---

[3] Vgl. die Arbeiten/ Entwürfe F. J. Grimmers im Anhang S.147

# Einleitung

Die nachgelassenen, im Folgenden mit *Kriegstagebücher* bezeichneten Kriegstaschenkalender von 1915/1916; 1916/1917 und 1918[4] beinhalten originäre tägliche Aufzeichnungen des F. J. Grimmer zu seiner Teilnahme an den Kämpfen der k. u.k.- Armee in Serbien/Montenegro, an der Isonzofront und über die Zeit als Besatzungssoldat 1918 in der Ukraine.

Sie werden ergänzt durch ein kleines schwarzes Notizbuch mit Angaben zu Dienstvorschriften, Zusammensetzungen /Personalbestand der Einheiten, zu denen F. J. Grimmer gehörte, und Ähnlichem.

Der Versuch eines Tagebuchs durch F. J. Grimmer *„Mein Tagebuch aus den Kriegsjahren 1914-1918"*, im Folgenden als „Mein Tagebuch" zitiert, endet mit der ausführlichen Beschreibung der Kämpfe unter seiner Beteiligung am 07.-09. Januar 1916. Da hier eine nachträgliche Zusammenfassung der Abläufe in Serbien/Montenegro und nach dem Krieg mit Einzelheiten versehene Fassung der Kriegstagebücher vorliegt, wurde die Frage nach der lesbarsten Edition folgendermaßen entschieden:

Die handschriftlichen Notizen werden in ihrer Chronologie mit dazugehöriger Transkription wiedergegeben. Einzelheiten und in den Kriegstagebüchern nicht erwähnte und in „Mein Tagebuch" ausführlich geschilderte Geschehnisse werden, heutiger Orthographie angepasst, durch andere Schriftform, kursiv (*Andalus*) eingefügt und kenntlich gemacht. Der vollständige Text „Mein Tagebuch" wird ohne Transkription in Anhang 12 wiedergegeben. Die in den Kriegstagebüchern nicht enthaltene Niederschrift der Ereignisse von der

---

[4] Küstners österr.-ung. Kriegs-Taschen-Kalender zum Gebrauch für alle Militärpersonen. B.(*Böhmisch*) Leipa; Ereignisse bis Sept. 1916 werden im Tagebuch 1915 notiert

Einberufung in Schweden bis zum Erscheinen im Ausbildungslager in Brüx[5] werden der Chronologie entsprechend aus „Mein Tagebuch" den Kriegstagebüchern ebenfalls in kursiver Schrift vorangestellt. Hierdurch wird der Leser zwar durch Verschiebungen in der Seitenfolge zu oftmaligem Umblättern beim Vergleich handschriftlicher Notiz – Transkription gezwungen, der Eindruck durch situationsbedingte Umstände (Kampf/Rast, Lazarett) der handschriftlichen Notiz bleibt so jedoch erhalten. Eine folgende Zusammenfassung und Analyse der dargestellten Abläufe musste notwendigerweise einen Zusammenhang mit dem Gesamtgeschehen herstellen, indem erwähnte Personen (Generäle u s w) Platz finden, zu denen Ergänzungen im Anhang gegeben werden.

Um die Notizen F. J. Grimmers in einen Gesamtzusammenhang mit dem Kriegsgeschehen in Serbien/Montenegro, der Isonzofront und der Ukraine zu stellen, wurde vergleichend als Quelle *Österreich-Ungarns letzter Krieg 1914–1918. Band I–VII. Verlag der Militärwissenschaftlichen Mitteilungen, Wien 1930–39* herangezogen.

Die verstreut in den täglichen Aufzeichnungen erscheinenden Personen- oder Firmenadressen, die Notizen zu Zugverbindungen zu Reisen oder Umrechnungen von Graden von Celsius in Fahrenheit sowie Notizen zu Währungen, die, von der Neugier F. J. Grimmers zeugend, in Gefechtspausen als Vorbereitung für die Zukunft in einer „besseren" als dem Leben an der Front zu interpretieren sind, werden unkommentiert mit Fundstelle im jeweiligen Anhang wiedergegeben, da sowohl ein zeitlicher als auch inhaltlicher

---

[5] „Mein Tagebuch der Kriegsjahre 1914-1918". S. 1-3 handschriftlich

Bezug zum Kriegsgeschehen fehlt. Seitenangaben zur Verortung werden in eckigen Klammern nachgestellt. Der Hinweis auf Nachträge und Einzelheiten von Tagesereignissen auf Seiten der Tagebücher erscheint als Anmerkung mit *handschr. Seitenzahl unten*. Die Zeichensetzung wurde dort ergänzt, wo sie wegen des besseren Verständnisses notwendig erschien. Kursiv in Klammern werden, wenn nicht exakt eruierbar, mit Fragezeichen, orthographische Ergänzungen und Berichtigungen nach geltenden Transkriptionsregeln gesetzt, besonders im Hinblick auf die Ortsnamen (Böhmen als heutiges Gebiet der Čechei) und topographische Bezeichnungen, die während des Feldzuges in Serbien/Montenegro von F. J. Grimmer wegen der von ihm wahrscheinlich nicht oder unzulänglich zu lesenden kyrillischen Schrift phonetisch oft sogar falsch wiedergegeben wurden[6], eigene Ergänzungen zu Abkürzungen, soweit sie nicht in Anmerkungen oder der Liste militärischer Abkürzungen erscheinen, Hervorhebungen und Bildunterschriften. Auf die vollständige Transkription der im Kriegstagebuch von 1918 enthaltenen Notizen zur Löhnung wird verzichtet, ebenso auf die entsprechender Seiten von Privatpersonen und Adressen von Firmen, die lediglich als Kopie im Abhang wiedergegeben werden. Notizen, die zum Kriegsgeschehen Bezug haben, erscheinen im Anhang in transkribierter Form. Im Register werden nur die in den Kriegstagebüchern und im Tagebuchversuch angegebenen Personen sowie im Vorwort erwähnte Familienmitglieder

---

[6] Die Möglichkeit, Einsatzorte des F. J. Grimmer exakt nachzuvollziehen, bieten die im Österreichischen Staatsarchiv vorhandenen, unbearbeiteten Unterlagen des Landsturminfanterieregiments Nr. 409 (AT-OeStA/KA VL VLI 80)

Grimmer erfasst, heutige totographische Bezeichnungen kursiv in Klammern angefügt. Entfernungsangaben zu Märschen werden ohne Anspruch auf die in der Realität zurückgelegten Distanzen nach google maps angeführt.

## Abkürzungen militärischer Dienstgrade

| | |
|---|---|
| Abthlg, Abtl. | Abteilung |
| Art | Artillerie |
| Baon | Bataillon |
| Batt | Batterie |
| GM (Gm) | Generalmajor |
| F.M.L | Feldmarschallleutnant |
| Komp, Comp | Kompanie, Kompagnie (schweizerisch) |
| Gftr. | Gefreiter |
| Inft. | Infanterist/en |
| Korp | Korporal |
| k.k. | kaiserlich königlich(e) |
| K.K. L.E.B | kaiserlich-königliches Landsturm Ersatzbataillion |
| k. u. k. | kaiserlich und königlich |
| Ldst, Lst | Landsturm[7] |
| Lst-IBrig | Landsturm Infanteriebrigade |
| Lst.Rgmt | Landsturm Regiment |
| M.G.K | Maschinengewehrkompanie |
| Oblt; Obl | Oberleutnant |
| Obstl. | Oberstleutnant |
| Res | Reserve |
| S. K. | Seine(r) Königliche(n) (Hoheit) |
| Zgf | Zugführer |

---

[7] wird in Kriegszeiten aus den ausgebildeten und nicht ausgebildeten 32- bis 45.jährigen Reservisten einberufen

# 1 Einberufung

Laut Mobilisierungsorder zum Kriegsdienste, welche ich am 26. September von der Gesandtschaft Stockholm erhielt, reiste ich am 28. 09. von Eda, Schweden, nach einem traurigen Abschied von meinem lieben Weib und noch 4 unmündigen Mädchen, was mir nicht leicht war. Dass meine Liebsten viel weinten, lässt sich denken, ging doch der Gatte, der Vater in [den] Krieg. Freilich war noch die Hoffnung vorhanden, dass, da ich schon 41 Jahre zählte, und also bloß zum Wachdienst kommen sollte, was freilich anders kam. Wie es weiter noch kommen wird, ich dann im Laufenden noch bringen werde.

So reiste ich von Charlottenberg (Maria begleitete mich ein Stück zur Bahn) mit dem Stahlross früh mit den ersten [?] ab, über Götenborg, wo ich auch meine Order und Marsch- und Reisediäten erhielt. So ich noch von dort abends 2h abfuhr über Malmö, wo ich Reisegesellschaft bekam: 3 Herren, vermutlich russische Spione. So hielt ich mich sehr kriegsfeindlich trotz innerer Begeisterung und so wurden sie mir sehr zutraulich, wo ich auch Näheres erfuhr und meine Ahnung Gewissheit wurde. Selbige wollten mit nach Saßnitz fahren, um Geschäfte zu verrichten. Doch war es mir nicht weiter gegönnt, sie in Gesellschaft länger zu haben. Auf dem Schiff in Trelleborg gingen sie mir verloren, mit Absicht oder durch Zufall oder dass sie zurückgestellt wurden, kann ich leider nicht sagen, denn da war es schon strenger zu reisen als vor dem Kriegsausbruch. So war ich wieder allein auf einige Zeit. So hatte, das heißt, bekam ich wieder andere Gesellschaft, welche demselben Schicksal entgegengingen. So kamen wir nach Saßnitz, wo wir einer eingehender Kontrolle untersucht wurden, um dann mit dem Zug weiterzufahren nach Berlin mit zwei Briefen von den einen Spion, welche ich in Berlin aufgeben sollte, die anderen waren bloß seine Helfer.

Doch vorsichtshalber gab ich sie nicht auf der Post sondern bei der Polizei ab, um im Interesse meines Vaterlandes zu arbeiten und meine Aufgabe zu entledigen. Nach Abgabe meiner Nationalität im Falle dass sie mich bräuchten um als Zeuge meine Aussage zu machen. Wo ich leider nichts mehr davon hörte, reiste ich noch abends, das war am 29.09., von Berlin ab über Dresden, Bodenbach...nach - anstatt nach Leitmeritz zum Regiment - meinem Geburtsorte Arnsdorf bei Haida zu meinem alten Mütterlein und zu meinen Schwiegereltern. Das war am 30. September [*1914*], wo ich mich den ganzen Tag aufhielt, um meine Schwester und alle meine Freunde zu besuchen. Kollegen fands keine mehr, die waren alle schon fort, um ihre Kräfte dem Vaterlande zur Verfügung zu stellen. Am 01. Oktober [*1914*] fuhr ich also nach Leitmeritz, im mich präsentieren zu lassen. Den 02. wurde ich eingeteilt zum 73. Landsturmbataillon, 3. Kompanie, welche in Leitmeritz stationiert war, um am 03. dortselbst einzutreffen.

So verging die Zeit mit Freiübungen und Märschen, natürlich in Civil, denn Militärkleider und Waffen hatten wir noch keine, also bloß mit Stecken. Den 04. Oktober zum Gefreiten befördert, wo wir auch bald Gewehre bekamen, wo wir nun endlich an ein Exerzieren denken konnten. Endlich am 06. November bekamen wir auch unsere Uniform und wurden kriegsmäßig ausgerüstet zu neuen Gewehren, welche für Mexiko hergestellt waren.

Doch zu unserer größten Freude ging es nicht ins Feld, als wie es vorauszusehen war. In Deutsch-Gabel war ein Kriegsgefangenenlager errichtet und so wir gleich zur Bewachung der Gefangenen dorthin transportiert wurden, da wir die einzigen waren, die Uniformen hatten und dort sofort Bewachung gebraucht wurde, da eine große Masse Russen dorthin kamen und wir sie in Empfang nehmen sollten. Da lebten wir im Wachtdienst, denn nicht wie im Kriege: Noth und Gefahren kannten wir noch nicht, was wir freilich das erstere so auch mehrere, das letzte später zu spüren bekamen. An nichts mehr denken und in unserer größten und friedlichen Ruhe wurden wir auf einmal gemustert und unser Bataillon, welches aus drei Kompanien bestand, aufgelöst.

Wachbataillone wurden errichtet und so die gemusterten Kriegsdienstuntauglichen in diese eingetheilt, welche in Josefstadt formiert waren, um von dort an die bestimmten Wachabtheilungen transferiert wurden. Die Kriegstauglichen wurden zum 66. und 68. Landsturmbataillon, welche in Kopitz bei Brüx, wo auch ich mich darunter befand, transferiert. Das war am 27. Februar 1915. So verging dort noch lange die Zeit mit Wachdienst. Auch dort befand sich ein Gefangen[en]lager zur Zeit bis 60.000 Mann- später noch mehr.[8]

---

[8] Vgl. handschriftlichen Text „Mein Tagebuch…" S.1-2 im Anhang.

## 2 Kriegstagebuch 1915 (1916)

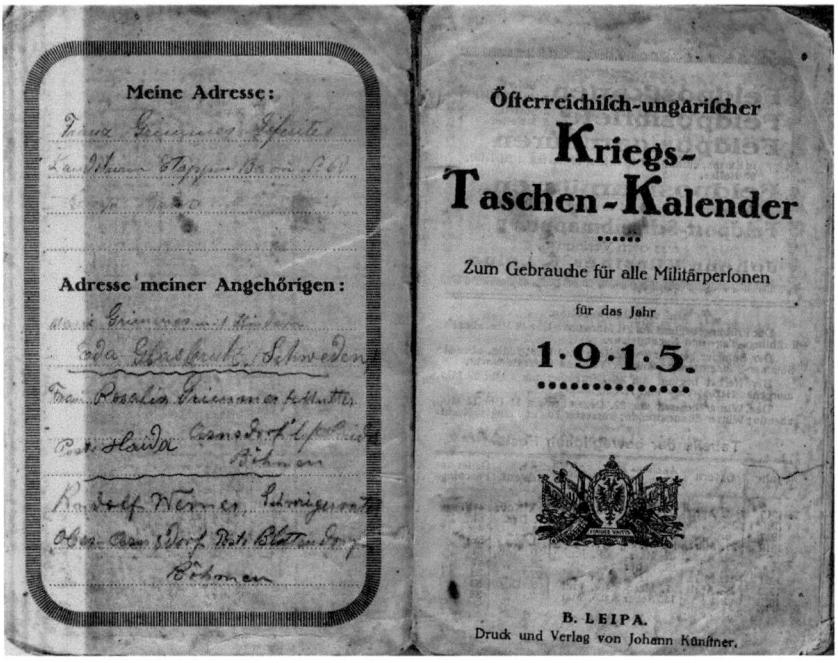

**Meine Adresse:** Franz Grimmer Gefreiter
Landsturm Etappenbataillon Nr. 68
**Adresse meiner Angehörigen:** - Maria Grimmer mit Kindern
Eda Glasbruk Schweden

- Frau Rosalia Grimmer /Mutter
  Arnsdorf bei Haida
  Post Haida Böhmen
- Rudolf Werner/Schwiegervater
  Ober-Arnsdorf
  Post Blatterndorf Böhmen

## Februar 1915

**27. 02.**- den 27. Februar von Gabel-Kobitz bei Brüx zum
Etappenbataillon Nr.68][9]

## März 1915[10]

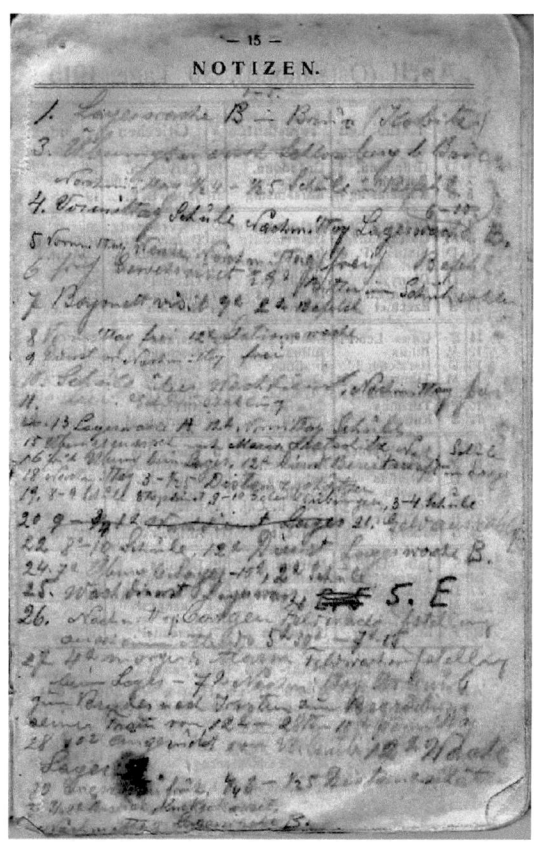

---

[9] Eintrag auf S. I (handschr. oben)
[10] S. 15

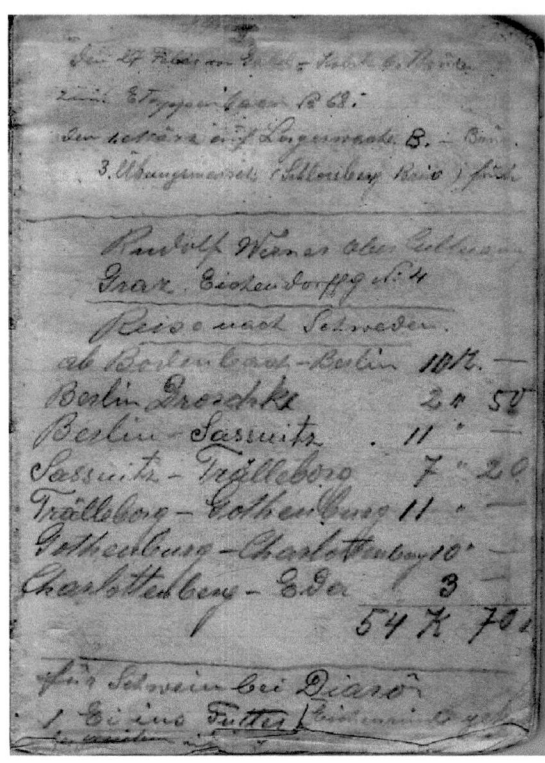

**01.03.**- Lagerwache B[11] (zu fünft) *in* Brüx [*Most*]
[Den 01. März auf Lagerwache B Brüx][12] *bis an der Tag
den 02. Mittags Ablösung folgte, nachmittags nach
dem Dienst frei*

**03.03.**- Übungsmarsch Schlossberg bei Brüx; Nachmittag½ 4-
½ 5 Schule im Befehlen [Übungsmarsch (Schlossberg
Brüx) früh][13]

**04.03.**- Vormittag Schule; Nachmittag Lagerwache B 6h-10h

---

[11] Bei den Lagerwachen handelt es sich um die Lagerabschnitte des Lagers
mit russischen Kriegsgefangenen.
[12] Eintrag auf S. I (handschr.oben)
[13] Eintrag auf S. I (handschr. oben)

**05.03.**- Vormittag Wenden; Nachmittag (frei) Befehl

**06.03.**- früh Gewehrvisit ½ 9 h; Bitten um Schuhsohlen

**07.03.**- Bajonettvisit 9 h; 2 h Befehl

**08.03.**- Vormittag frei; 12 h Stationswache

**09.03.**- Dienst und Nachmittag frei

**10.03.**- Schule über Wachdienst; Nachmittag frei

**11.03.**- Schule über Wachdienst; Nachmittag frei

**13.03.**- Lagerwache A 12 h; Vormittag Schule

**15.03.**- Übungsmarsch nach Maria Straschitz

**16.03.**- früh Übung beim Lager; 12 h Dienstbereitschaft im Lager

**18.03.**- Nachmittag 3- ½ 5 h Distanzschätzen

**19.03.**- 8-9 h Schule; Etap[p]dienst; 9-10 h Gelenkübungen 3-4 h Schule

**21.03.**- Geldauszahlung

**22.03.**- 8-10 h Schule; 12.30 h Dienst Lagerwache B

**24.03.**- 7 h Übung beim Lager – 10 h; 2 h Schule

**25.03.**- Wachdienst Lagerwache 5. E

**26.03.**- Nachmittag: lange Feldwachenaufstellung an einem Abend 5.30 h – 7.15 h

**27.03.**- 4 h morgens Alarm; Feldwachaufstellung beim Lager – 7 h: Nachmittag: 1 Tag Urlaub zum Bruder nach Kosten[14] zum Begräbnis seiner Frau von 12 h –28.[03.] 10 h Vormittag

**28.03.**- 10 h eingerückt vom Urlaub [*Begräbnis*]; 12 h Wache Lager *A*

**29.03.**- [*unleserlich*] früh ¼ 3 h- ½ 5 h Distanzschätzen

**30.03.**- ¾ 8 h Ausrück.[en], Kuckuckvisit

**31.03.**- *Brot-und Rucksackvisit*, Nachmittag Lagerwache B.

---

[14] Siehe Bild im Anhang S.195

## April 1915[15]

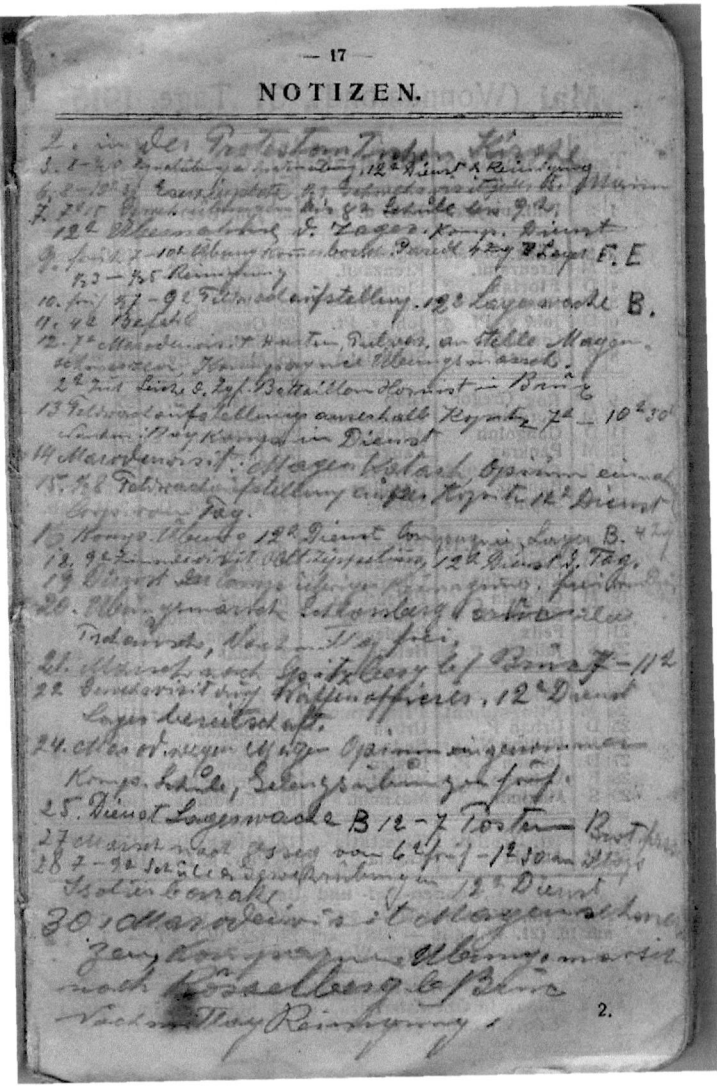

**02.04.**- in der Protestantischen Kirche *in Brüx für selbige*[16] *so auch ich wie Altkatholische*

**03.04.**- 1-1/2 10 h Signalübung und Spatenübung; 12 h Dienst und Reinigung [Ostersonntag um 9 h verkündet bis 12 h über Zeit; Ostermontag um 6 Uhr verkündet bis 12 h und Zeit; den 3. April strenge Bereitschaft; Station Kopitz nicht verlassen bis über Ostern][17] [Brotkarten: eine Brotkarte 35 g Brot oder 20 g Mehl, oder 1 Semmel a Person, *bekam* 9 Karten (Notiz Juni 1915 in der Garnison Leitmeritz)][18]

**06.04.**- 8-10.30 h Exercierplatz; ½ 3 h Gewehrvisit jedes 5. Maxim, *jede Charge 5 Mann*

**07.04.**- 7 h Gewehrübungen bis 8 h; Schule bis 9 h; 12 h Übernahme des Lager [*Tages*] Kompanie Dienstes

**09.04.**- früh 7-10 h Übung [*unleserlich*] 4 Zug Lager *wache* F. E; ½ 3- ½ 5 Reinigung

**10.04.**- früh ½ 7-9 h Feldwachaufstellung; 12 h Lagerwache B.

**11.04.**- 4 h Befehl

**12.04.**- 7 h Marodenvisit, Husten, an Stelle Magenschmerzen, *bekam Pulver*, Kompagnie Übungsmarsch 2 h zur Leiche [*Begräbnis*] des Zgf. Bataillon Hornist[*en*] in Brüx

**13.04.**-Feldwachaufstellung außerhalb Kopitz; 7- 10.30 h Nachmittag Kompagniedienst

**14.04.**- Marodenvisit; Magenkatharr Opiumeinnahme

**15.04.**- ½ 8 Feldwachaufstellung außer Kopitz: 12 h Dienst, Corp[*oral*] vom Tag

**16.04.**- Kompagnieübung; 12 h Dienst Compagnie Lager B 4. Zug

**17.04.**- [17.04. um 9 h verlautbart bis 11 h über Zeit][19]

---

[16] Protestanten
[17] Eintrag S.6 (handschr. unten)
[18] S.6. (handschr. unten) Litoměřice

**18.04.**- 9 h Zimmervisit Oblt. *Zippelius,* 12 h Dienst d.Tag

**19.04.**- Dienst Compagnie; übrigen Reinigung, frei vom Dienst

**20.04.**- Übungsmarsch Schlossberg [*Brüx*] Tschausch [*Souš];* Nachmittag frei [20.04. nach Befehl (*Ausflug*) in Maltheuern][20]

**21.04.**-.Marsch nach Spitzberg bei Brüx 7–11 h

**22.04.**-.Gewehrvisit durch Waffenoffizier; 12 h Dienst Lagerbereitschaft

**24.04.**- Marod wegen Magen; Opium eingenommen; Komp. Schule; Gelen[k]sübungen früh

**25.04.**- Dienst Lagerwache B 12-7 Post und Brot fassen

**27.04.**- Marsch nach Ossegg von 6 h früh bis 1.30 h mittags

**28.04.**- 7-9 h Schule und Gewehrübungen; 12 h Dienst Isolierbaracke

**30.04.**- Marodenvisit Magenschmerzen, Kompagnieübung – Marsch nach Rösselberg bei Brüx; Nachmittag Reinigung

---

[19] S.6 (handschr. unten)
[20] Eintrag S.6 (handschr.unten)

## Mai 1915[21]

**01.05.**- 7- 7.30 h Übungen mit dem Gewehr; 7.45 – 8.15 h
Schule; 8.15 – 9.15 h Geldauszahlung; nachher
Reinigung im Hof, 12 h Kompagniedienst für 2. Zug

---

[21] (S.19)

**02.05.**- 12 h den Tag übernommen; früh neue Gewehre
gefasst, *Korporal vom Tag*

**03.05.**- Gewehr in Ordnung gestellt; altes abgeführt, *es waren
die alten Wenzelgewehre*[22]

**04.05.**- früh Gewehrübungen; 12 h Dienst Lagerbereitschaft

**06.05.**- Gewehrvisit durch Waffenoffizier; 2 – 4 h Übungen
mit dem Gewehr

**07.05.**- Marsch auf den Schlossberg; 12h Dienst Lager B

**10.05.**- Übungsmarsch Maltheuern; Nachmittag
Kompagniedienst IV. Zug A

**11.05.**- Am Tag 12 h mittags Geldauszahlung, *nachmittags
Korporal vom Tag*

**12.05.**- 1. + 2 Zug Visit; Schule; Gewehrübungen M.[23]

**15.05.**- Übungsmarsch Tschausch [*Souš*]; Brüx 8-10 h

**16.05.**- 12 h Bereitschaft im Lager Gewehrübung

**18.05.**- 8 -9 h Gewehrübung; ½ 1 – 5.30 h Schießen
Brüx [18.05. Feldwebel nicht 2. Ba[j]on[24] für *Wandel*;
19. Mai vertraut [?]]

**19.05.**- 7.30 h Gewehrvisit; 8.15 . 9 h Schule; 12 h Dienst
Lager B; 12 – 7 Posten

**22.05.**- Übungsmarsch nach Brüx; 3 h Geldauszahlung

**26.05.**- Dienst; den Tag, *nachmittags Korporal vom Tag*

**27.05.**- Decorierung Oberarzt Dr. Singer 27.05. von 8 h an
Wache E., weil [Anführer] [?] transferiert wird nach
Hüttenberg [*Ptačí Hora*]

**28.05.**- Escortedienst 12.30 – 5 h, *ab 5 h Lagerwache E*

**31.05.**- 7 -8- h Gewehrübung; 8-9-h Schule; 12 h Dienst;
Stationswache

---

[22] Karl Wänzel: Wiener Büchsenmacher
[23] M: u.U. Maschinengewehr
[24] zu lesen Baon : Bataillon

27

27

## Juni 1915[25]

**02.06.**- 7h-12h *Übungsmarsch* Rösselberg bei Brüx

**03.06.**- Isolierwache 12h; IV. Zug Wache B

**04.06.**- 4h Befehl; Defilierung in Doppelreihen

**05.06.**- ½ 10h früh Zeugenaussage Kreisgericht in Brüx über
Stechlik, Arbeiter in Kohlenschacht

**06.06.**- früh Kirchengang; 10h Strohsack aussacken,
*umstopfen* angeblich wegen Reinigung; 12h Dienst
Lager E.

**07.06.**- [Krologs ertrunken][26], *Krologs Anton von der
Kompanie beim Baden ertrunken*

**08.06.**- Verkündigung des Manifestes des Kaisers an seine
Völker; 5 h Nachmittag Strohsack stopfen [Manifest
Verkündigung wegen Treubruch Italiens an das
Militär][27]

**10.06.**- 10h früh Begräbnis des *Krologs Anton*[28]; 12h mittags
Lager F Außenposten alle Stunden aufführen wegen
großer Hitze

**12.06.**- Moralpredigt von *Major Onsch* wegen *Zabrana
Herzig* [?] *betreffs Ausbleiben über der Zeit des
Infanteristen ...*

**13.06.**- Comp.dienst IV. Zug Eskorte

**15.06.**- ½ 7 h-8h Feldwachaufstellung; 8h Schule des Herr
*Oberarzt Singer* über Ohnmacht, Hitzschlag; 12h
Dienst Corp[*oral*] vom Tag

**18.06.**- Schlossberg 6.10 h – 10 h Schlossberg Brüx; 3.15 h-

---

[25] S.21, S.6, 7 (unten handschr.)
[26] Eintrag S.6 (unten handschr.)
[27] Eintrag S.6 (unten handschr.)
[28] vgl. auch Eintrag S.6 (unten handschr.)

4.30h Prüfung des Gefreiten [*im Kommandieren*] ob man diesen eventuell des [*als*] Flügelchargen[29]

**19.06.**- 6.30 h […]; Schule über Strafen von den […]; Dienst Lager E. 10 Posten

**20.06.**- Bruder Anton auf Besuch[30] [Bruder Anton zu Besuch, nicht bekommen bis 11 h über Zeit, [um Bruder] nach Oberleutendorf[31] *zur Bahn* [zu bringen] [Ausspruch des *Hauptmanns Döbler,* dass, „wenn ein Mann nicht mit Urlaubsgesuch kommen darf in seine Wohnung, wenn er nicht genügenden Grund hat." (*betr. Besuch des Bruders Anton ?*) Das heißt, nicht richtig; Telegramm ist (von Gendarmerie bestätigt) 21.6.1915][32]

**21.06.**- 30 h Schwarmlinien bis 8.30 h; 9 h Geldauszahlung [Marod geworden, Magenschmerzen, furchtbares Schneiden im Darm und Unterleib verbunden mit Brechreiz]

**22.06.**-.Marodenvisit: Dienstfähigkeit trotz Magenschmerzen

**23.06.**- [zur Visit gegangen; neu angekommener *Oberarzt Dr. Rosz* (Ungar) beim Ungarischen Landsturm Wachbatallion in Kommerbusch [*Kummerbursch*[33]] trotz Schmerzen][34]

---

[29] Zu ergänzen: *nehmen kann*

[30] Anton Grimmer, Kosten, Bahnhofstraße 3/3

[31] Eintrag S.7 (unten handschr.)

[32] Eintrag S.7 (unten handschr.); im eigenen Tagebuch: „*Kompaniekommandant Hauptmann Döbler gibt bekannt, dass Leute von der Kompanie ja nicht in seine Wohnung kommen sollen um Urlaubsbewilligung, wenn nicht die Telegramme von der Gendarmerie bestätigt sind, was bloß von Familienverhältnissen handelt, also dass künftiger Grund immer bei einem Telegramm sein soll.*"

[33] Gut Kummerbursch 1736 zu Brüx; in: Sommer, Johann Gottfried: Das Königreich Böhmen; statistisch-topographisch dargestellt, Bd. 14, Saazer Kreis, Prag 1946, S.109.

**24.06.**- Isolierwache, *nachmittags Wache Isolierbaracke*

**26.06.**- 8 h *großartige* Rede des Majors über die Einnahme

Lembergs, Bataillon bis 11 h *über Zeit bekommen*; 12

h Dienstbereitschaft *in* neues[m] Wachzimmer

**28.06.**- Kirchengang *wegen* Thronfolgers Todestag in Sarajevo

**29.06.**- *nachmittags* Dienst Lager B

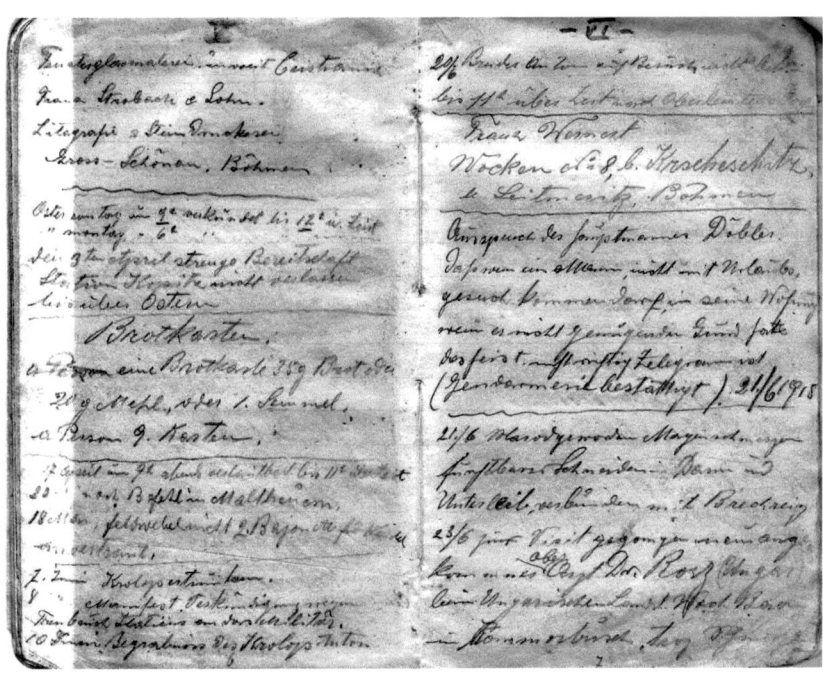

---

[34] Eintrag S.7 (unten handschr.)

## Juli 1915[35]

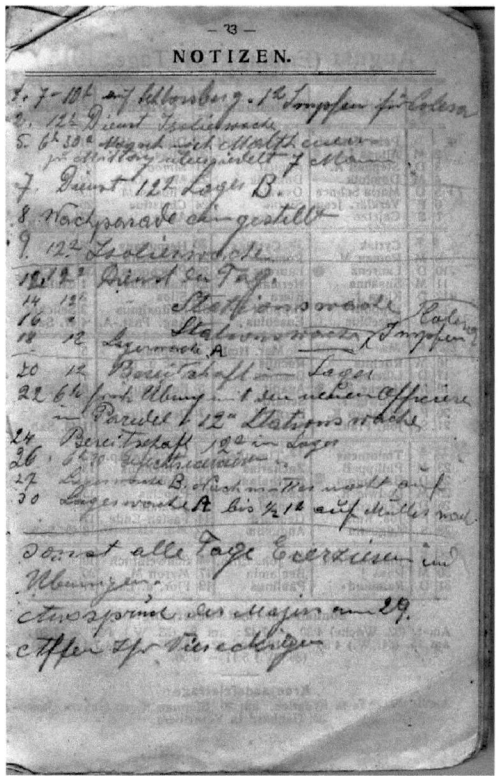

**01.07.**- 7-10 h auf Schlossberg; 1 h Impfen für Cholera
**02.07.**- 12 h Dienst Isolierwache
**05.07.**- 6.30 h Marsch nach Maltheuern; zu Mittag
      übersiedelt 7 Mann, *Korporal Nath, ich und 5 Mann*
      *in Privatwohnung*
**07.07.**- Dienst 12 h Lager *wache* B

---

[35] S. 23

**08.07.**- Wachparade eingestellt

**09.07.**- 12 h Isolierwache

**12.07.**- 12 h Dienst den Tag, *Korporal vom Tag*

**14.07.**- 12 h Dienst Stationswache

**16.07.**- 12h Dienst Stationswache

**18.07.**- 12 h Lagerwache A.; Cholera Impfen

**20.07.**- 12 h Bereitschaft im Lager

**22.07.**- 6 h früh Übung mit den neuen Offizieren in Paredl [36],
12 h Stationswache

**24.07.**- Bereitschaft 12 h im Lager

**26.07.**- 6.30 h Gefechtsexerzieren

**27.07** - Lagerwache B.; nach Mitternacht auf

**29.07.**- Ausspruch des Majors am 29.: „Affen Ihr Viereckigen!"

**30.07.**- Lagerwache A bis ½ 1 h auf Mitternacht [Sonst alle
Tage, *die anderen Tage, die nicht angeführt wurden,*
Exerzieren und Übungen]

---

[36] Im Gebiet von **Saaz;**

**Gut Parebel, Pareybl.**

Welches der landtäfliche Administrator Wenzel Przibil in Genußnützung hält; zählet 24 N., und ist mit einem Schlößchen und Meyerhofe versehen. Dieses Dorf hat der Hr. Martin Mainer Domherr an der prager Schloßkirche, und Probst bey der königl. Kapelle zu Allen Heiligen 1669. kraft seines letzten Willens der St. Annakirche in der Brüxer

Vorstadt verschrieben, die Administration davon aber allemal einem aus dem Geschlechte der Hrn. Przibil mit solcher Bedingung überlassen, damit er die Berechnung der jährlichen Einkünfte dem Prälaten zu Osek ablege.

In: Sommer, Johann Gottfried: Das Königreich Böhmen; statistisch-topographisch dargestellt, Bd. 14, Saazer Kreis, Prag 1946, S. 221-222

## August 1915[37]

## NOTIZEN.

5. Lager B 1—6 Nach...... geschlafen

7. bis 12ᵃ über Zeit, Urlaub
Fackelzug betreff Warschau

8. Lager A nach 12ᵃ geschlafen 7—11. Porto

10. Lager Bereitschaft

12. Isolierwache, Geschlechts visit,

14. .............. neue Leitern erh.
I. Ersatzkomp.

15. Präsentirt worden, neue Zähne bekommen

16. Marienspital bei Dr. Blum wegen
ein ............... Zähne 3 St. Reservoge,
........... nächste Visit den 20. d. M.

17. 6—½8 Rapport, Dienstreime ......... — 11ᵃ Exerzieren
½3 — 6 Lektion und Befehl.

18. 9³⁰—8⁰⁰ Rapport, Diensteingabe ½10—10³⁰ Kirchen,
...... in die Evangelische Kirche
14. Dienst, Thorwache Klosterschule

21. Zahnärztliche Visit. Gibt ........ 2ᵃ Geld .........
½5 Befehl 22ᵗᵉⁿ Kirchengang, 11ᵃ Befehl

23. Zahnärztliche Visit zur Probe. Nachmittag
Bereitschaft zum Bahnhof absperren.

24. Bereitschaft zum absperren
½2ᵃ ............ Thorwache Kloster.
Schule

25. Zahnärztliche Visit zur Probe 2 Zähne
26. 6—10³⁰ Spatensbourg, ½2 Impfen ..........
27. ............ wegen ....... Zahnärztliche Visit
28. Marodenvisit Durchfall Zahnärztliche Visit
14. Viel alttheile Carlsbad alles Streicwust
30. Marodenvisit wegen ...... Durchfall Liege
31. Marodenvisit ...... Magen liegen

[37] S. 25

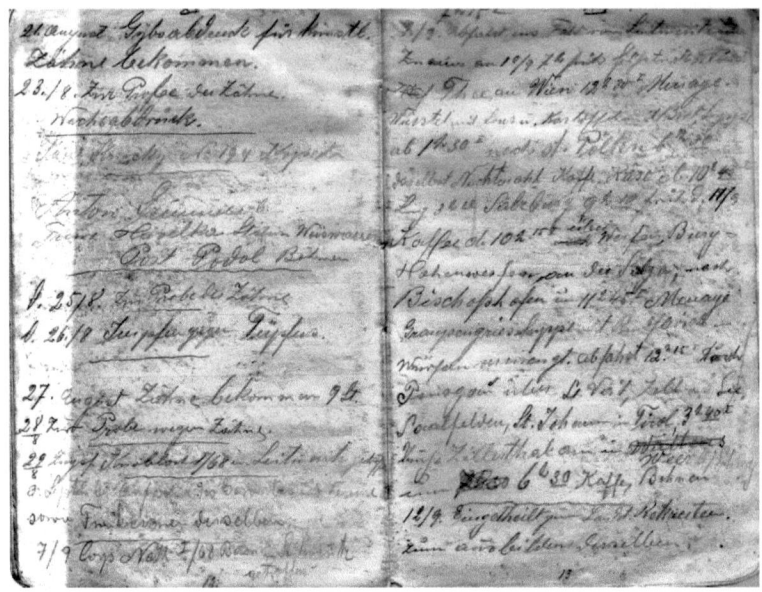

**01.08.**- *Korporal vom Tag*, den Tag bis11 h über Zeit

**05.08.**- Lager B I-6, Nachmittag geschlafen[den 05.08.
   (August) Einnahme Warschau und Ivangorod; bis 12 h
   ( *11 h*) über Zeit][38]

**07.08.**- bis 12 h über Zeit; abends Fackelzug *der Bevölkerung*
   Betreffs *Einnahme* Warschau[39] *auch im eigenen*
   *Interesse bestimmt Zugsf Proft Mannschaft zur*
   *Korporative [Kooperation ?] und Ausrücken direkt von*
   *der Straße*

**08.08.**- Lager A. nach 12 h geschlafen; 7- 1 h Posten

**10.08.**- Lagerbereitschaft [bis 11 h über Zeit [*unleserlich*]
   gehabt; wegen Beförderung des H[errn] Major

---

[38] Eintrag S.9 (handschr. unten)
[39] Eigenes Tagebuch zu 05. August

[*Onsch?*][40]

**11.08.**- s.o.

**12.08.**- Isolierwache, Geschlechtsvisit

**14.08.**- Transferierung nach Leitmeritz I. Ersatzkompanie

**15.08.**- präsentiert worden *zur I. Ersatzkompanie mit Bedingung, neue Zähne einsetzen zu lassen,* neue Zähne bekommen

**16.08.**- Marienspital bei *Dr. Blowitz* wegen Einsetzen neuer Zähne; 3 Stü*ck.* herausgenommen; nächste Visit den 20. des Monats

**17.08.**- 6-1/2 8 h Rapport, Dienstverlesen; 7.30 – 11 h Exerzieren; ½ 3 – 6 Schule und Befehl, Ankunft des Eisenzugs [?] Salvator; Ankunft der verwundeten Österreicher aus Russland durch Austausch in Leitmeritz angekommen; abends Fackelzug und großer Streich

**18.08.**- 7.30-8.30 h Rapport, Dienstausgabe; ½ 10- 10.45 h Kirchgang in die Evangelische Kirche; 1 h Dienst Thorwache Klosterschule [18.08: 5 h Tagappell mit Musik anlässlich des Kaisers Geburtstag; ½ 10 h Kirchgang *in lutherische* der Protestanten][41]

**21.08.**- Zahnärztliche Visit: Gipsabdruck; 2 h Geldzahlung, ½ 5 h Befehl [21. 08.: Gipsabdruck für künstliche Zähne bekommen][42]

**22.08.**- Kirchgang; 11 h Befehl

**23.08.**- zahnärztliche Visit zur Probe; Nachmittag Bereitschaft, zum Bahnhof absperren [23. 08.: Zur Probe der Zähne Wachsabdruck][43]

**24.08.**- Bereitschaft zum Absperren; ½ 2 h Wachabtheilen

---

[40] Eintrag S.8 (handschr. unten)

[41] Eintrag S.11 (handschr. unten)

[42] Eintrag S.12 (handschr. unten)

[43] Eintrag S. 12 (handschr. unten)

Torwache Klosterschule *übernommen*

**25.08.**- 6- 10.30 h Spatenübung; 4 h Impfen Typhus [25.08 zur Probe der Zähne][44]

**26.08.** - s. o [26.08. Impfen gegen Typhus][45]

**27.08.**- 6 h Tagwache wegen Impfen; zahnärztliche Visit

**27.08.**- *künstliche* Zähne bekommen 9 Stück

**28.08.**- Marodenvisit, Durchfall: Zahnärztliche Visit 1 h [28. 08. zur Probe wegen Zähnen][46]

**29.08.**- Wachabtheilen Arrestwache altes Kreisgericht[47] [*Zugführer Knobloch* I/68 in Leitmeritz getroffen][48]

**30.08.**- Marodenvisit wegen Magen, Durchfall/ Liegen

**31.08.**- Marodenvisit wegen Magen, Durchfall/ Liegen

*Leitmeritz an der Elbe (Böhmen)[49]*

---

[44] Eintrag S. 12 handschr. unten
[45] Eintrag S. 12 handschr. unten
[46] Eintrag S. 12 handschr. unten
[47] Letzteres in „Mein Tagebuch" 28. August
[48] Eintrag S. 12 handschr. unten
[49] IMAGNO/Austrian Archives

# September 1915[50]

---

[50] S.12, 13, 14 Seitenangabe handschr. unten

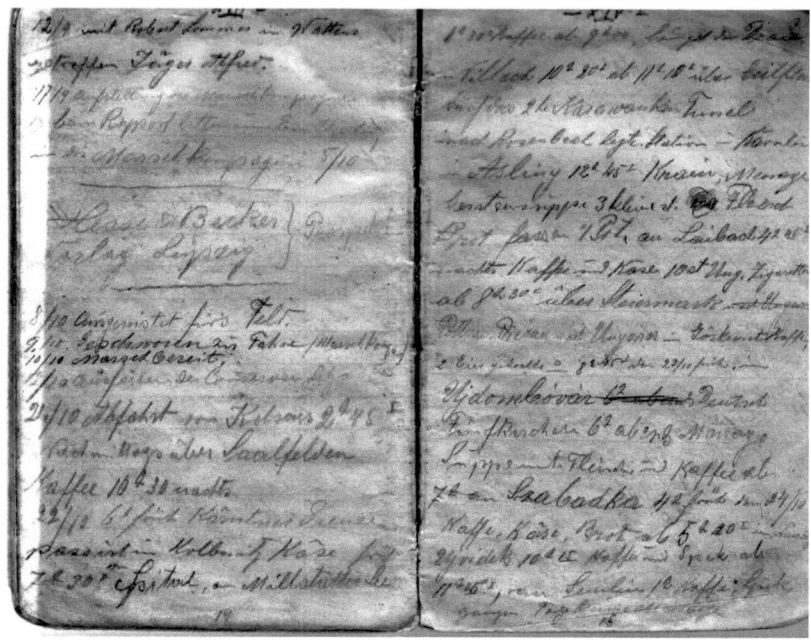

**01.09.**-.Exerzieren auf Theresienstadt*er* Kessel 6 – 10.30 h
2 h Geldauszahlung
**02.09.**-.6-10.30 h Exerzieren mit Landsturmrekruten welche
aus dem 12. Ergänzungsbezirke in Tschaslau (*Časlav*)
sind eingeteilt als Flügelc[h]arge weil Mangel; 2.15 –
3.30 h Schule; 4.30 h Aufnahme der Vereine und
Stellung sowie [*unleserlich*] bei Vereinen [*angegeben,*
*bei welchen Vereinen man Mitglied ist und welche*
*Funktionen man betreibt*] und bis 6 h Befehl
**03.09.**- 7 – 11.30 Exerzieren in Gamaik[51]; 1.30 Arrestwache

---

[51] Kamýk (deutsch: *Kamaik*) ist eine Gemeinde in Tschechien, ca. 5 km von
Leitmeritz entfernt

**06.09.**- 6 – 11.30 h Exerzieren Theresienstadter Kessel

**07.09.**- Übersiedelt aus Klosterschule in Saal *Eisenstadl*
[Korp.[*oral*] Nath. I/68 Baon in Leitmeritz
getroffen]

**08.09.**- Marschkompanie zusammengestellt *und eingetheilt*
*worden* früh 7 h

**09.09.**- Abfahrt nach Tirol 7.15 h, 7.15 Abfahrt ins Feld von
Leitmeritz; Znaim an 10.09. 7 h früh; Frühstück:
Wurst, Tee; an Wien 12.30 h Menage: Würstl mit
Sauce und Kartoffeln, 1 Bier, Suppe; ab 1.30 nach St.
Pölten 6.30 h; daselbst Nachtmahl: Kaffee, Käse; ab
10.45 h Linz 3.10 h (*3.15 h*)[52]; Salzburg *an 9.10 h*

**11.09.**- Ankunft in Weer Tirol 6.30 h *abends*, früh den Kaffee;
ab 10.15 h über *Burg Hohen*-Werfen, Biery-
Hohenwerfen an der Salza; nach Bischofshofen;
11.45 h: Menage: Graupengrießsuppe mit Rindfleisch
in Würfeln vermengt; Abfahrt 12.15 h durch Pinzgau
St.Veit, Zell am See, Saalfelden, St.Johann in Tirol
3.40 h ; durch Zillertal an in Weer *bei Schwaz* 6.30 h
Kaffee, Bohnen

**12.09.**- eingeteilt *als Instrukteur*; [eingeteilt zum Landsturm
Rekruten zum Ausbilden derselben[53] mit Robert
Sommer in Wattens, getroffen *Jäger, Alfred*]

**13.09.**- den 13. Exerzieren Rekruten; [den 13.09. Exerzieren
mit Rekruten, nachmittag[s] frei wegen Impfen der
Rekruten]

**14.09.**-s. o; 12 Portionen Brot gefasst

---

[52] „Mein Tagebuch" 11. September

[53] *wo ich zum ersten Mal mit einem Ortskollegen zusammen sein konnte,*
*welcher im Sinn meiner Ausbildung stand, um vereint in Leid und Freud*
*(letzteres war ja nicht so oft) zusammen sein konnte bis zu seinem Tode;*
*auch treffe ich am selben Tage einen Nachbarn, Alfred Jäger*

**15.09.**- s.o.; -12 h Dienst den Tag

**17.09.**- 7–10.30 h Exerzieren; Nachmittag Reinigung
Aufstellen der Marschkompanie, beim Rapport Bitten
um Einteilung in die Marschkompanie 5/10;

**18.09.**- Exerzieren, Geldauszahlung; *ich selbst wurde nicht*
*für die Marschkompanie bestimmt … um mit meinem*
*Kollegen Sommer ins Feld zu gehen, sonst wäre es mir*
*nicht gegönnt noch einen Monat in friedlichen*
*Verhältnissen zu bleiben. So wählte ich für meinen*
*Theil ganz gut.*

**20.09.**- s.o

**21.09.**- s.o

**22.09.**- Übung mit gegenzu [*unleserlich*]; Marsch nach
Weer*berg* [?]; Nachmittag Impfen mit Rekruten in
Wattens

**23.09.**- Exerzieren

**24.09.**- Schießen in Derfens[54]; ½ 7 h Nachtübung bis 11.15 h

**25.09.**- Inspizierung der Marschkompagnie

**27.09.**- 5.30 h Tagwache bis auf weiteres, 6.30 h gestellt zum
Schießen in Weer auf Figur [?] ganze 200 x bloß
Rekruten; übersiedelt in die Käserei [*unleserlich*] als
Zimmerkommandant

**29.09.**- Nachmittag in Wattens[55]

**30.09.**- früh Schule über das Gewehr, 12 h Schießen der
Rekruten in Terfens

---

[54] F. J. Grimmer meint das später richtig geschriebene Terfens
[55] Entfernung Weer-Wattens 4,8 km Fußweg

## Oktober 1915[56]

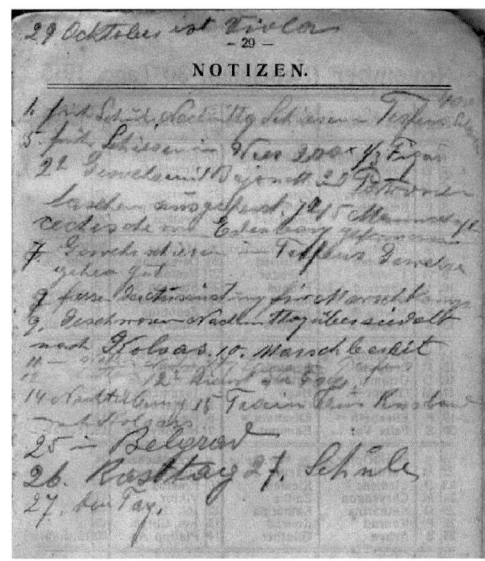

**01.10.**- früh Schule, Nachmittag Schie[ß]en in Terfens Scheibe 400

[*04.10.- den 04. Oktober zum Gefreiten befördert*]

**05.10.**- früh Schießen in Weer 200 x 1/3 Figur; 2 h Gewehr mit Bajonett und Patronentaschen ausgehändigt; 1.15 h Mannschaft čechische von Edenberg[57] gekommen

**07.10.**- Gewehrschießen im Terfens, Gewehre gehen gut, Fassen der Ausrüstung für Marschkompanie

**08.10.**- ausgerüstet fürs Feld

**09.10.**- Geschworen zur Fahne/ der *5.* Marschkompanie [- geschworen; Nachmittag übersiedelt nach Kolsas[s] [58]

---

[56] S. 14, 15,16 Seitenangabe handschr. unten, S.29 oben

[57] Steiermark

[58] Gemeinde im Tiroler Unterinntal zwischen Innsbruck und dem Zillertal., heute eingemeindet in Weer

**10.10.**- Marschbescheid, *marschbereit*

**11.10.**- in Wattens; Nachmittag Schießen in Terfens

**12.10.**- Ausfassen der Conserven *und Verpflegungsportionen*, Salz [*unleserlich*], Wattens; 12 h Dienst am Tage, *Korporal vom Tag übernommen*

**14.10.**- Nachtübung

**15.10.**- Train *von* Rus[s]land nach Kolsass *gekommen*

**21.10.**- *nachmittags zur Bahn* nach Kolsass, Abfahrt von Kolsass *2.45 h* über Saalfelden; Kaffee 10.30 h nachts

**22.10.**- 6 h früh Kärntner Grenze passiert; in Kolbnitz Käse früh 7.30 h an Spital, an Millstätter See, 1.30 h Kaffee; ab 9h; längs der Drau in Villach 10.20 h, ab 11.10 über [...] durch das 2. Karawankentunnel nach Rosenbach letzte Station in Kärnten in Aßling (Jesenice) 12.45 h Krain(*burg*); Menage: Gerstensuppe, drei kleine Stücken Fleisch; Brot fassen [?], an Laibach 4.45 h , nachts Kaffee und Käse, 10 Stück ungarische Zigaretten; ab 8.30 h über Steiermark Pottern, Prežan Kecskemét Kaffee, 2 gekochte Eier;

**23.10.**- früh 8.45 h in Ujdombovar (Deutsch-Fünfkirchen). 6 h abends Menage: Suppe mit Fleisch und Kaffee; ab 7 h an Szabadk[j]a 4 h früh

**24.10.**- den 24. 10 Kaffee, Käse, Brot; ab 5.30 h in [...] Ujvidek 10.15 h Kaffee und Speck; ab 11.05 h; an Semlin 1h Kaffee; ganzen Tag heute keine Menage

**25.10.**- den 25.10. von Semlin um 2.50 h längs der Donau übergefahren und Belgrad an 3.50 h *nachmittags* im Feindesland[59]

den 25. 10. 3.50 nachmittags [*bis*] den [*in Belgrad*][60]

---

[59] Hier fügt E. J. Grimmer eine Extraüberschrift ein „Im Feindesland"

[60] S. 29

*[bot] einen schauerlichen Anblick, von dessen*
*Zerstörung wir noch keinen Begriff hatten. So fingen*
*wir nun über Kriegsleiden [unleserlich] zum Schluss,*
*wenn [man] darüber nachdachte, darüber einen*
*Schrecken davon bekommen konnte. Doch bei*
*den meisten hatten sie keine Zeit dazu. Neugierigkeit*
*trieb sie in die Residenzstadt Serbiens, andere*
*versuchten etwas vielleicht zu erobern, was welche,*
*[die] vor uns hier waren, übriggelassen hatten. Doch*
*machten auch diese die Rechnung ohne den Wirt:*
*verlassene Häuser waren verschlossen und jedweder*
*Zugang verboten bei hoher Strafe.*

**26.10.**- Rasttag

**27.10.**- Schule den Tag *übernommen*

**28.10.**- Dienst des Corp[*orals*] vom Tag in Belgrad, bei
welchem [ich] die Beförderungseingabe tragen
musste zur Gebirgsbrigadekanzlei

**31.10.**- befördert zum wirklichen Corporal

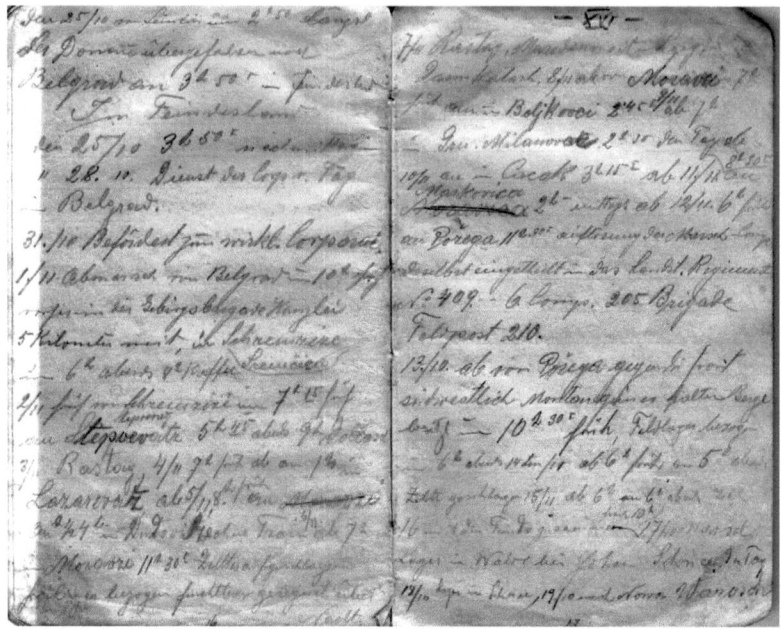

## **November 1915**[61]

**01.11.**- Abmarsch von Belgrad um 10 h früh, welches wir
nicht mehr zu sehen bekamen, vorher *7 h* in der
Gebirgsbrigade Kanzlei, *welche 5 km weit von uns
entfernt war und zurück*; in Schremzize (Sremčica)
um 6 h abends, 8 h Kaffee
**02.11.**- früh von Sremčice um 7.15 h früh; an Stepojevac 5.45
h abends, 9 h Gollasch [*Gulasch*]
**03.11.**- Rasttag
**04.11.**- 7 h früh ab, an 1 h in Lazarevac
**05.11.**- ab Lazarevac 8 h früh, an ½ 4 h in Dudovica ohne
Train

---

[61] S. 16, 17, 18 Seitenangabe handschr. unten, sowie S. 31 oben

**06.11.**- ab 7 h *an* Moravci 11.30 h, Zelte aufgeschlagen,
*Freilager bezogen*, Gräben bezogen, furchtbar geregnet
über Nacht

**07.11.**- Rasttag, Marodenvisit *in Ljig* Darmkatarrh

**08.11.**- ab von Moravc*i* 7 h früh, an in Boljkovci 2.45 h

**09.11.**- ab 7 h, in Gornji Milanovac 2.30 h den Tag, ab 8.30 h

**10.11.**- an in Čačak, 3.15 h ab

**11.11.**- an Markovica, 2 h mittags ab

**12.11.**- 6 h früh an Požega; 11.30 h Auflösung der
*5.* Marschkompanie, daselbst eingeteilt in das
Landsturm-Infanterie-Regiment Nr. 409, 6.
Kompanie, *2. Zug*, 205. Brigade, Feldpost 210

*Auch mein Freund und Kriegskamerad Robert*
*Sommer! Sogleich ging es ab an die Front, das heißt*
*dem Feind entgegen, welcher sich westlich von Požega*
*die Berge besetzt halten. Nun ging es an den Ernst*
*heran. Was kommen sollte, war für uns ein Rätsel.*
*Manche, welche die Gefahr noch nicht kannten,*
*bekommen beklemmendes Ansehen für sich selbst. So*
*war es halt und ich überlegte mir, wie soll ich mich*
*benehmen und halten in kritischen Zeiten. Doch das*
*war unnötig. Es kam ganz anders als ich erwartet.*
*Viel schlimmer hatte ich mir es ausgemalt. Die Feinde*
*Waren ja schwächer geworden. Artillerie fands auch*
*nicht mehr so viel. Nur unsere Truppen waren ja hier*
*Verfolger, so immer eine gute Stellung für unseren*
*Empfang der Feuertaufe.*

**13.10.**[62]- ab von Požega gegen die Front südwestlich gegen

---

[62] irrtümlich statt 13.11.

Montan, Gegner halten Berge besetzt um 10. 30 h früh
Feldlager (*Zeltlager*) bezogen um 6 h abends

**14.11.**- ab 6 h früh, an 5 h abends Zelte geschlagen

**15.11.**- ab 6 h ; an 6 h abends Zelt

**16.11.**- mit dem Feinde, *welcher Patrouillen ausgeschickt hatte*, zusammen früh 10 h. *Doch verlief auch dieser Tag in voller Ruhe, doch sind wir von nun an schussbereit.*

**17.11.**- *Ganzen Tag* Marsch *ohne eine Spur vom Feinde*, Lager im Walde bei hohem Schnee, *den Dienst bei der Kompanie* den Tag *übernommen*

**18.10.**[63]- Lager im Schnee, einmarschiert im Sandschak[64]

**19.10.**[65]- *Marsch* nach No[v]a Waroš [66]

**20.11.**- Rasttag in Nova Varoš abends 12.30 h *nach Mitternacht* auf Patrouille; *feindliche Patrouillen beunruhigten unsere Vorposten und Feldwachen Infanterist Ressel* I wurde angeschossen, *das erste Opfer unserer Marschkompanie*

**21.11.**- *gegen 10h morgens eingerückt von der Patrouille, ohne was vom Feinde zu sehen, sicher waren es Insurgenten*

**22.11.**- [*Radium*] stationswache; Abmarsch 8 h früh, nicht zu finden, dan[n]um 6 h eingerückt

**23.11**- Bereitschaft

---

[63] irrtümlich statt 18.11.

[64] Sandžak, historisch-geographische Region zwischen Serbien und Montenegro

[65] ebenfalls irrtümlich statt 19.11

[66] *Gesamtmarsch von Belgrad nach Nova Varoš ca 255 km*

**24.11.**- marod, nichts zu essen bekommen beim Kaffee-,
-Teetrinken
**25.11.**- marod
**26.11.**- marod Darmkatarrh;
**27.11.**-.marod:
**28.11.**- marod
**29.11.**- marod, Magenkatarrh
**30.11.**- Marodenvisit; nicht mehr anerkannt; trotzdem nach 6
Tagen nichts Essen und viel Müdigkeit nicht mal
dienstfrei für einige Tage bekommen, sondern gleich
Exerzieren bis 10 h früh; 10.30 h chefärztliche Visit:
Geschlechtsteil und Hände betreffs Reinlichkeit; eine
ganze Portion Brot nach 17 Tagen, bitter Kaffee, wenig
Tabak, überhaupt Verpflegung bis heute sehr schlecht
außer Fleisch wie immer; *anstelle dass man sich*

*kräftigen soll, um dem Feinde die Stirne zu bieten, so*

*wird man zum Exerzieren geschickt. Freilich war ja*

*das kein Doktor, sondern ein Zahnarzt, was einen*

*nicht wundern darf. In Österreich ist dies modern,*

*wie das jeder Höhere macht, wie er denkt, ohne an*

*das Vaterland zu denken, welches in Gefahr steht*

*unterzugehen. Sollte dies eintreffen, so kann sich*

*jeder mit dieser Haltung an die Brust schlagen. Das ist*

*auch mein Verdienst, wo ich mit teilgenommen habe.*

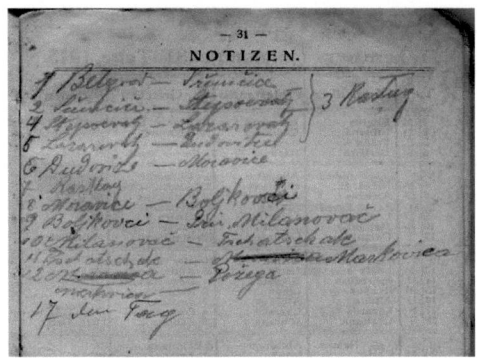

## Märsche im November 1915:

01.11.: Belgrad - Sremčica; 02.11: Sremčica- Stepojevac; 03.11.: Rasttag; 04.11.: Stepojevac – Lazarevac; 05.11 Lazarevac – Dudovica; 06.11.: Dudovica – Moravci; 07.11.: Rasttag; 08.11.: Moravci – Boljkovci; 09.11.: Boljkovci - Gornji Milanovac; 10.11.: Milanovac – Čačak; 11.11.: Čačak. . Markovica,; 12.11.: Markovica - Požega (gesamt: 155 km)

## **Dezember 1915**[67]

**01.12.**- 7.30 h Exerzieren, 12 h Bereitschaft I. + IV. Zug

**02.12.**- 7.30 h Exerzieren, 12 h Feldwache Botore bezogen mit
11 M[ann]. Ohne Kaffee ohne Aufbesserung d.[68] trotz
des Kaisers Regierungsantritts, Jubiläums ein Kalb
gegessen für 10 Kronen

*03.12.- wurden wir noch nicht abgelöst, das heißt, das
Regiment marschierte 2.30 h mittags ab, ohne uns
ablösen zu lassen. So waren wir gezwungen, als die
hereinkam, uns Essen zu verschaffen. So bekamen
wir nur 10 Kronen ein Kalb zu kaufen. Die Haut
behielt sich der Verkäufer. So war auch dieses wieder
aufgefüllt bis auf Brot.* Kompanie den 3.12.
abmarschiert

**04.12.**- *endlich wurden wir* 12.30 h früh abgelöst *nach
unserem fortwährenden Bemühen um dasselbe, wo
ich mehrere Male Meldungen zum Stationskommando
ergehen ließ, um endlich nach oben erwähnter Zeit
unsere Einrückung zur Kompanie [zu wissen]: welche,
wer, wo was zu ermöglichen.* Ich mit meiner
Feldwache ab am von Nowa Waroš [*Nova Varoš*]
nach Einholung einiger Instruktionen um 10.15 h nach
Bistrica, *wo* [*sich*]d[er] *Brigade Train und
Feldbäckerei befanden, wo ich für meine Mannschaft
Brot fassen konnte. Und so hofften wir auch
Verpflegung zu bekommen. Ich meldete mich beim*

---

[67] S.19, 20, 21, Seitenangabe handschr.unten
[68] durch ?

*Trainkommando. Wir sollten als Trainbedeckung verwendet werden, bis ich meine Kompanie treffen konnte. So suchte ich eine Scheuer[69] aus, um meine Mannschaft zur Ruhe begeben konnte. Waren 2 Tage mit Dienst und Marsch doch Müdigkeit eingetreten.*

**05.12.**- *früh 6 h morgens gestellt sein. Doch wie es vorauszusehen war, verschliefen wir die Zeit und wollten wir auch für unsere Reserveportion Kaffee kochen. Doch ein Herr Feldwebel, ein Ungar, ließ dies nicht zu. Er schlug die Menageschalen um und löschte das Feuer aus und schlug mit seiner Reitpeitsche auf meine Mannschaft ein trotz meiner Vorstellungen. Doch ich musste mich ja fügen, war ich doch untergeordnet im Range. Mich ließ er unbehelligt machen, was ich wollte. Die Mannschaft musste helfen lasten den Bagagetrain. Sonach denn alles in Ordnung, traten wir den Marsch an, wo wir hinter dem Train marschierten, um endlich nach einem kurzen Marsche den Befehl bekamen, an der Spitze zu marschieren. So endlich kamen wir an einen hohen Berg, wo die Straße direkt darüber führte. Ich bezeichne dies als Berg, denn als Hügel war er zu hoch, so gut weg Berg nennen konnte. So waren also die Pferde zu schwach für den Train und so musste meine Mannschaft helfen, um über den Berg hinweg zu kommen. So ließ ich die Mannschaft den Rucksack*

---

[69] Scheune

abhängen und die Gewehre in Pyramiden ansetzen zu lassen. Doch da kam so ein unreifer Junge, pardon, ein junger … Kadettfeldwebel, welcher einmal Offizier werden sollte, und verbot mir meine Absicht, abzuhängen, wegzulassen und die Mannschaft mit voller Rüstung zu helfen. Was das viel geholfen würde, machte er sich wohl keine Vorstellung. Mit voller Rüstung wog mein Rucksack seine 35 kg, die anderen hatten wohl gerade so schwer, und das Gewehr an der Seite, welches doch ein großes Hinder[nis] ist. Ich machte ihm meine Vorstellung, was kommt? Er zog den Revolver! Und befahl mir, seine Befehle auszuführen. Ich ihm im Interesse meiner Mannschaft verweigerte. Dies schlug dem Fass den Boden aus. Er setzte den Revolver an die Brust. Doch ich war zu alt und etwas ruhiger Blut als dieser Junge. Respekt konnte ich ihm keinen zollen und die Verantwortung der Mannschaft lag in meiner Hand. So kommentierte ich: „Ergreift das Gewehr!" Die Mannschaft hatte erraten, was kommen sollte. Ohne Kommentar nehmen sie fertig, schussbereit. So ich dem Kadettfeldwebel antwortete: „Dort meine Mannschaft!" Der Kadett steckt den Revolver ein und reitet bleich von dannen. Und so ließ ich nach dem Befehle, der mir gegeben wurde, in voller Rüstung den Train, das heißt, ein-oder zweimal bei den ersten 5 Wagen zu helfen, so gut es geht, um nach Ankunft *oben am Gipfel des Berges vereint*

*weiterzumarschieren* [unleserlich]*...anderen Wagen*

*welche noch zurück waren, nachkommen. So kamen*

*wir nachmittags gegen 5 h in* Prijepolje *an*

**06.12.**- *Holte ich vom Stationskommando Instruktion ein, wo*

*sich meine Kompanie befindet, welche sich bei*

Miljevici *im Gefecht befand. Ich also im Eilmarsch*

*dorthin marschierten;* an 2.30 h, *um [...] mitten am*

*Gefecht teilzunehmen. Der Kampf flaute bereits ab. So*

*also ich zu keinem Schuss kam,* ab abends 7 h zurück
über Mijoska nach Prijepolje; ganzen Tag Gefecht mit
Montenegrinern; Verlust 15 Mann unserer Kompanie

**07.12.**- [*dann dort* ?] Einquartierung

**08.12.**- Rasttag

**09.12.**- marod: Hämorrhoiden, dann Katarrh ordiniert

**10.12.**- marod

**11.12.**- Abmarsch von Prijepolje, *in Ocoje ? nach Jabuka wo*

*wir an montenegrinischer Grenze übernachteten,* 8.20
h an Jabuka

**12.12.**- 7.30 h Straßenbau Löhnung; übersetzt zum 4. Zug,

Zugf. *Ackermann aus Reichenberg, wo ich den 3.*

*Schwarm übernahm,* ab *Jabuka* 1.30 h am
südlichen Ocoje [?] Zelte gestellt

**13.12.**- ab 13.12. 7.30 h morgens von Ocoje [?] nach Pless

[*Plevlja*] 9.15 unter dem Feinde im Gefecht )... *und sie*

*zum Rückzug zwangen* (bei Jabuka Grenze
Montenegro überschritten; abends Schützengraben
anlegen

**14.12.**- Gefecht bei *Grab* [70] abends Wachposten

**15.12.**- ab als Verbindung *als Vorpatroullie*, Einnahme von Sarovitze [*Sahovici*] einquartiert daselbst 6 h abends

**16.12.**- Streifpatrouille 1.30 h – 4.45 h

**17.12.**- Bereitschaft, Wachdienst der Gefangenen 4 Stunden

**18.12.**- Abmarsch 6.30 h früh *ab Sarovice* [*Žari*]; Feind auf der Höhe, Feldwebel Rönelt, ich selbst bitte als erster trotz des steilen Berges den Feind von der rechten Flanke zurückzutreiben, im Ganzen 5 Mann auf der Höhe angelangt;[71] im Wald geschlafen bei gesammelter Kompanie

*Mein Schwarm als linke Flankendeckung, gegen Abend stieß unser Regiment auf den Feind. Unsere Kompanie zog sich zurück. Warum, weiß ich selbst nicht. Hatte auch keinen Befehl, dass ich mit Schwarm soll [mich] auch zurückziehen. So stiegen wir die Höhe Lepenac weiter, bis auch wir Fühlung mit dem Feind bekamen … Doch ein Zurück gab es nicht mehr, nur weiter. Wir wurden heftig beschossen und hatten so ziemliche Deckung durch die starken Stämme, wo wir langsam nach vorwärts gingen. Ich hatte mir vorgenommen, womöglich eine Überraschung zu bieten und den Feind auszuspionieren. So kamen wir immer näher, [den] Schwarm ließ ich große Ausdehnung annehmen, um nach gegebenen Signal auf einzelnes Plänklerfeuer dem Feinde zu antworten. Doch kam es nicht zu einem regelrechten*

---

[70] Grab in Serbien
[71] Nachfolgend Text des Tagebuchs nach Krieg

*Feuergefecht. [Der] Feind zog sich zurück, vermutlich kannte er unsere Stärke nicht. Auch Feldwebel Rönelt, später Stabsfeldwebel, kam in unser Vorhaben dazu und übernahm das Kommando. Wir waren noch 7 Mann, die hatten sich verloren. So wollten wir einen Theil gefangen nehmen, das heißt, den Rückzug abschneiden, was uns nicht gelang. So bezogen wir Feldwache, bis Stabsfeldwebel von der Kompagnie uns ablöste mit größerer Wache. Im Ganzen kamen bloß Stabsfeldwebel, ich selbst und Infanterist **Sitte** als erster auf der Höhe,* [unleserlich] *ganzen Tag Flankendeckung und im Walde alle müde waren und es kein Wunder nahm, eine solche Leistung zu vollführen, was uns auch für* [den] *Feldwebel Silberne Tapferkeitsmedaille I. Klasse, für mich Silberne Tapferkeitsmedaille II. Klasse und für Infanterist Sitte Bronzene verliehen wurde, da durch unser Vorgehen die 5. Kompanie vom Seitenfeuer befreit wurde.*

**19.12.**- *Deckung gegraben; ohne weiteres wahrzunehmen;* Schützengraben

**20.12.**- zurück Leskovac, wo Artilleriefeuer uns begleitete beim Rückzug

**21.12.**- Patroullie nach Strmac[72] übernachtet *in kleinerer Hütte, nichts wahrgenommen*

**22.12.**- zurück Sokolovac [den 22.12. Eingabe zur Belobung seitens der Comp. an den Baon. feldwebel[73] *Rönelt;*

---

[72] Strmac, Zminac, Montenegro
[73] Lt. Anhang S. 189 Stabsfeldwebel

Zugführer *Druhiček*, Corp.[*oral*] Grimmer, Inft. Litte][74]

**23.12.**- Patrouillenrasttag (*Patroullie nach Sadicillo ?*)

**24.12.**- marod

**25.12.**- Feldwache *mit meinem Schwarm bezogen*

**26.12.**- Feldwach[e] zurück

**27.12.**- Rasttag;

**28.12.**- Gewehr-, Conserven- Patronenvisit

**29.12.**- Rasttag

**30.12.**- ab von Sokolovac um 9 h morgens
nach Leskov [*Leskovac*][75], Freilager bezogen;

**31.12.**- den Tag 17 h abends Kukuruzsuppe[76] und Kaffee
Gekocht

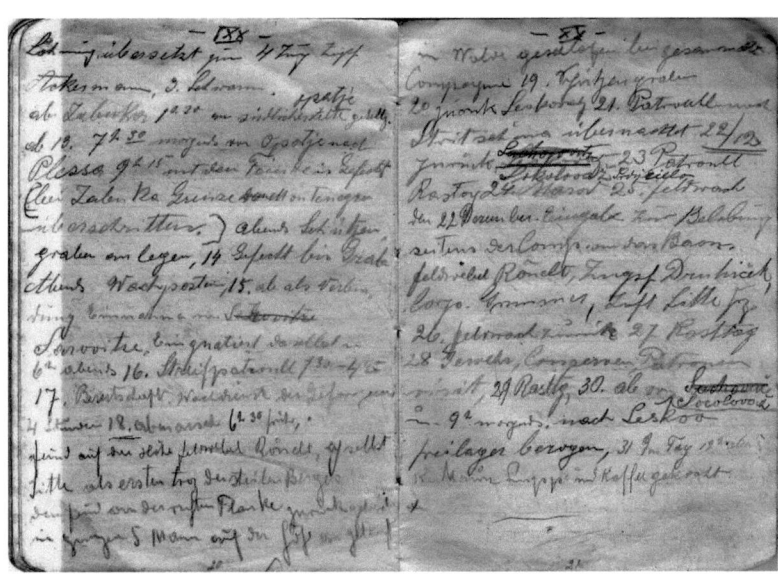

---

[74] gesamter Eintrag nach 25.12.1915

[75] Montenegro

[76] österreichisch: Mais; von serbisch kukuruz;

# *1916*

## Januar 1916[77]

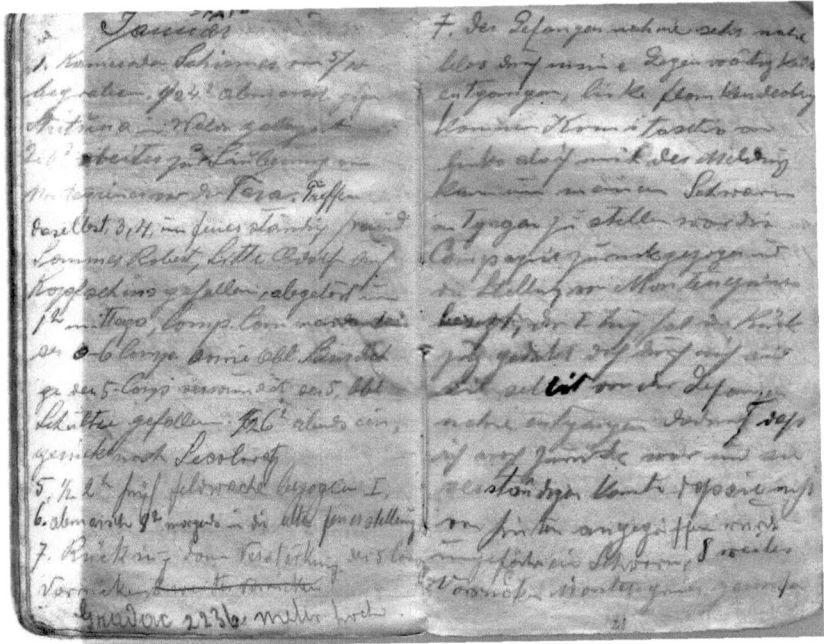

**01.01.**- Kameraden *Schinnes* [*?*] vom 5/10 begraben: 24 h
  (*gegen ½ 4h*) Abmarsch gegen Antuna [*Aluga ?*]
  (*Strmac*) *Kompanie schon voraus,* im Wald gelagert
**02.01.**- *6 h weiter,* Arbeiten zur Säuberung von
  Montenegriner vor der Tara; Treffen daselbst
**03.01.**- Im Feuer ständig, *mein einziger Kamerad,* Freund

---

[77] S.22, 23, 24, Seitenangaben unten

*Sommer, Robert aus meinem Heimatsort* durch

Kopfschuss gefallen, *auch Kamerad Litte Adolph*;

*und unser* Kompaniekommandanten 0-6 *gefallen*

sowie *Oberleutnant Burchet* [?] verwundet, der

*Oberleutnant Schultze* gefallen; so wurden wir, weil

keine Offiziere [*mehr vorhanden*] um 1 h mittags

abgelöst, ½ 6 h abends eingerückt nach Secolovac

[*Sokolovac*]

**04.01.**- Text s. o.

**05.01.**- ½ 2 h früh Feldwache *I* bezogen I

**06.01.**- Abmarsch 8 h morgens in die alte Feuerstellung *am*

*Gradac, wo wir am*

**07.01.**- *zurückgeschlagen wurden*, Rückzug, dann

Verstärkung der 5. Kompanie ungefähr ein Schwarm,
Gradac[78] 2236 m hoch, der Gefangennahme sehr
nahe, bloß durch meine Gegenwärtigkeit entgangen,
linke Flankendeckung kommen Komitatschi[79] von links
, als ich mit der Meldung kam, um meinen Schwarm
entgegenzustellen, war die Kompanie zurückgezogen
und die Stellung von Montenegrinern besetzt; der I.
Zug hat den Rückzug gedeckt, dadurch mich mit mir
selbst von der Gefangennahme entgangen, dadurch
dass ich noch zurück war und sie verständigen konnte,
dass sie nicht von hinten angegriffen wurden

*(1 km vom Gradac eine kleine Höhe durch unsere*

*Züge bezogen zur Deckung des Rückzuges unserer*

*Kompagnie mit 2 Mann als linke Flankendeckung, um*

*das Thal zu übersehen. Gegen 20 Komitatschi*

*schlichen sich vorwärts. Meine 2 Mann waren*

---

[78] u.U. ist die Ortschaft **Zagrad** gemeint
[79] Freischärler, Partisanen

*verschwunden. So ich selbst meinen ganzen Schwarm entgegenstellen wollte, musste ich selber hinweg. Doch, o weh, der Zug hatte sich zurückgezogen und der Feind* [hatte] *dieselbe Stellung bezogen, wo kurz vorher wir lagen. So in feindlicher Stellung ich mich befand und umringt und eingeschlossen, war eine Gefangennahme mir sicher. Doch durch mein ruhiges Blut und den Gedanken, zerstückelt zu werden, wie es vielen unserer Kameraden ergangen ist, gab mir die Energie, mich auf jeden Fall durchzudringen, was mir auch gelang und dadurch auch mein Zug von Gefangennahme befreit wurde. Da ein Flankenangriff bevorstand, Zugsführer Heller einen Rückenschuss bekommen den 8 durch Verstärkung neuerliches Vorgehen den Feind über den hohen Berg hinweg vertrieben. Mit Handgranatfeuer wurden wir am Berge empfangen doch es gelang, nach kurzen Nahkämpfen den Feind zu verjagen.*

**08.01.**- weiter vorrücken, Montenegriner geworfen, 4. Zug äußerst linken Flügel, im Wald genächtigt bei Schneewetter

**09.01.**- gelagert, nicht angegriffen

**10.01.**- auch gelagert

**11.01.**- abgelöst, zurück

**12.01.**- Rast

**13.01.**- Abmarsch zurück nach Papajoviči [*Pape ?*] 3 Stunden; eingeteilt zum III. Zug

**14.01.**- Rast

**15.01.**- Rast

**16.01.**- abmarschiert 4.45 h morgens, an in Prijepolje 3.30 h

abends
**17.01.**- Rast
**18.01.**- Rast
**19.01.**- Rast; [19.01.Impfen]
**20.01.**- Rast, Reinigung
**21.01.**- Patrouille 2 Stunden
**22.01.**- Gewehrvisit, Lohn für 20 [*?*] Tage, Brotgeld für Monat
Dezember
**23.01.**- Abmarsch v. Prijepolje nach Zachovic [*Čauševiči*] [80]
**24.01.**- Text siehe 23.01.
**25.01.**- Kompaniedienst
**27.01.**- Gewehrvisit
**28.01.**- Feldwache B
**30.01.**- Dekorierung von Medaillen bei der 4. Kompanie,
Paradeausrüstung
**31.01.**- Abmarsch 8 h von der Kovun 2.15 h[?]

---

[80] Wie oft, topographische Bezeichnungen (in Serbien mit kyrillischen Zeichen) nur phonetische Schreibweise durch F. J. Grimmer

## Februar 1916[81]

**01.02.**- ab nach Čauševiči an 2.45 h
**02.02.**- an Pljevlja um 11.30 h
**03.02.**- Rast
**04.02.**- nach Boljanici
**05.02.**- Bosnische Grenze überschritten, Rast, Menage am
Metaljkasattel, an in Čajniče
**06.02.**- Rasttag
**07.02.**- in Goražde an der Drina
**08.02.**- in Mesiči
**09.02.**- Rogatica
**11.02.**- ärztliche Visit, der Tag

---

[81] S., 25, 26, 27, Seitenangabe handschr.unten

**12.02.**- Baden und Entlausung

**13.02.**- nach Han Gromela [*?*] in der Kaserne Podroman[*i*]ja

**14.02.**- Text d. 13.02.(zu Podroman[*i*]ja S. 121/ 163)

**15.02.**- Mokro

**16.02.**- in Sarajevo 1 h mittags mit Musik

**17.02.**- abends 12 h Abmarsch nach dem Bahnhof

**18.02.**- einwaggoniert 3 h ab, 8.30 h Kaffee oder Penschal [*?*] in Zenica 3 h; nach Doboj Menage: Rindfleisch, Suppe, Kraut; an Bosnisch[es] Brod. 10 h abends Kaffe und Wurst, Marsch nach Slowenisch-Brod

**19.02.**- an 1 h den 19.02. Slowenisch-Brod in Baracke einquartiert; Verpflegung auf der Eisenbahn in Slowenisch-Brod ab 20 km ½ 3 h früh; 9.30 h in Sisak (Kroatien) Tee mit Rum und Speck; in Sagrep [*Zagreb*] ist gleich Agram 2 h Menage: Rindsuppe mit Kartoffeln; 6 h in Karlovac Kaffee

**21.02.**- in Laibach [*Ljubljana*] 6 h früh Tee mit Rum und Käse; 3 h in Sežana [?]: Suppe, Fleisch, Fischlein an Prvačina 8.30 h abends, Marsch nach Gradistkutta [*Gradišče nad Prvačino?*]

**22.02.**- Rasttag;

**23 02.**- mit Bahn nach Haidenschaft [*Ajdovščina*], Baden und Entlausen

**24.02.**- früh Schule, Ansprache des Kompaniekommandanten Pavelek: „Wir werden in 2-3 Tagen an die Front gehen. So krepiert alles, auch wir Offiziere. Da gibt es kein Zurück. Was in die Laufgräben kommt, erschieße ich wie einen Hund. Habe schon viele hingerichtet." Nachmittag von 2 h – ½ 5 h Exerzieren im Zuge: Befehl hinter der Front bei Geschütz- und Gewehrfeuer

**25 02.**- Übungen mit Handgranaten;

**26.02.**- Abmarsch um 8.30 h früh nach den Stellungen bei Zagora, Stellungen ausquartiert, 10.45 h in den [?];

**27.02.**- in die Schützengräben, Feldwache 1 bezogen,

## März 1916[82]

**02.03.**- den 02.03. Abends 11.30 h abgelöst von der 2.
Kompanie, eingerückt in Prinz Eugenlager
**03.03.**- an den 03.03. 5 h früh bei Brithof [*Grgar*] den **03.03.**
neuen Kompaniekommandanten *Oberleutnant*
*Blaschek* bekommen
**04.03.**- Bereitschaft
**05.03.**- Bereitschaft;
**06.03.**-.*vom Herrn General Now[v]ak das kleine Silberne*
*II.Klasse bekommen für Tapferkeit am Leppenac*
[Lovcen] *den 18.12.* [*1915*], Abmarsch aus Prinz-

---

[82] S. 27, 28, 29 handschr. unten

Eugen-Lager in die Stellung, Feldwache 2 bezogen

**08.03.**- Feldwache 2

**09.03.**- Feldwache 2

**10.03.**- zurück in Prinz Eugen

**11.03.**- Rast, Bereitschaft

**12.03.**- [*vgl. 11.03.*]

**13.03.**- [*vgl. 11.03.*]

**14.03.**- in die Stellung vor, Feldwache 3 bezogen

**15.03.**- Feldwache 2 bezogen

**16.03.**- Feldwache 2 bezogen

**17.03.**- abgelöst von ungarischem Landsturm zurück, Höhe Prinz Eugen Lager Menage 2 h früh ist an

**18.03.**- Abmarsch nach dem Jelinek Lager bei Bate an 5 h früh Baracke 8

**19.03.**- frei

**20.03.**- Exerzieren, Übungen in Handgranatenwerfen 9-11 h und 3 h – 5 h

**21.03.**- früh Schule, 3h-5-h Granatenwerfen

**22.03.**- 8 h- 10.30 h Übungen mit Handgranatenwerfen, 12 h den Zug übernommen von *Corporal Turek*[83]

**23.03.**- Abmarsch in die Stellung bei am Isonzo Prapetno[84] um 5 h abends an 2 h früh

**24.03.**- Feldwache Nr.1 vorgeschoben

**24.03.-31.03.**- Feldwache Nr.1 vorgeschoben

---

[83] Vgl. Anhang S. 189

[84] Ca. 25 km: 6 Stunden Fußmarsch

### April 1916[85]

**01.04.**- *Corporal Bechaček* verwundet (Bauchschuss)

**02.04.**- [Text v. 01.04]

**03.04.**- aus der Stellung ins Jelinek Lager

**05.04.**- Rasttag

**06.04.**- Visiten

**07.04.**- Baden in [*Banjšice ?*]

**08.04.**- [*unleserlich*]

**09.04.**-.Inspizierung durch Herrn *Brigadier Gm. Reinöhl*, daselbst die Dekorierten besichtigt sowie gratuliert, Defe[i]lierung des Baons., Gm., Oberst und Dekorierten

**10.04.**- starke Kanonade

---

[85] S. 29, 30, 31, Seitenangabe handschr.unten

**11.04.**- Üben im Handgranatenwerfen 7.45 h

**12.04.**- [*Text des 11.04.*]

**13.04.**- [*Text des 11.04.*]

**14.04.**- den Tag

**15.04.**- [*Text des 14.04.*]

**16.04.**- in die Stellung bei Lastivinitza[86] Feldwache 2 bezogen
10 Mann

**17.04.**- Wache 2 übernommen in

**18.04.**- in 18. 04 Wache 2 bezogen

**19.04.**- Feldwache 2 bezogen

**20.04.**- [*Text des 19.04.*]

**21.04.**-Feldwache bezogen, 10 h abgelöst von der 2.
Kompanie, Marsch zurück ins Jelinek-Lager

**22.04.**- [*Text d. 21.04.*]

**23.04.**- [*Text d. 21.04.*]

**25.04.**- Schule

**26.04.**- praktisches Wachabteilen; Divisionsgeneral Novak
besichtigt das Bataillon zur Befriedigung; Dekorierte[*n*]
drückt der die Hand

**27.04.**- praktischer Wachdienst, Baden, Entlausen

**28.04.**- Herr Oberstleutnant zum Regiment gekommen,
Oberst Malina[87] an die russische Front, abends 6.30 h
in die Stellung bei Lastmitza [*Lazna ?*] marschiert,
Feldwache 2 bezogen mit Gewehr- und
Maschinengewehrfeuer empfangen

**29.04.**- Text 28.04.

**30.04.**- Unterkunft 2 bezogen

---

[86] Gemeint wahrscheinlich die zum 28.04 erwähnte Ortschaft Lastmitza
[*Lazna ?*]

[87] nicht verifizierbar

### Mai 1916[88]

**02.05.**- Feldwache, starkes Beschießen meiner Feldwache,
   Isonzo von Italienern beleuchtet, vorgefallen nichts
**03.05.**- Zahnreis[s]en, bei Marodenvisit
**04.05.**- Feldwache
**05.05.**- Feldwache
**06.05.**- Ablösung, zurück in Jelineklager
**07.05.**- Ablösung, zurück in Jelineklager
**08.05.**- Marodenvisit im Marodenzimmer
**09.05.**- Marodenvisit im Marodenzimmer (Stechen in
   den Rippen)

---

[88] S. 31, 32 handschr. unten

**10.05.**- geheilt aus dem Marodenzimmer entlassen;

**11.05.**- s.o.

**12.05.**- Marodenvisit wegen Rheumatismus, Kompanie marod

**13.05.**- s.o.

**14.05.-17.05.** -Abmarsch in die Stellung Proportua-Morska [*Morsko*]; 410. Regiment eingeteilt bei 409.

**21.05.**- Marodenvisit in Kanale wegen Rheumatismus

**22.05.**- Marodenzimmer in Kanale, 1 ¼ Stunden Weg

**23.05.**- ins Spital nach Bate gekommen

**24.05.**- ins Feldspital nach Čepovan weitertransferiert

**29.05.**- gewogen: 58 kg schwer


## Juni 1916[89]

**05.06.**- gewogen: 59 kg schwer

**12.06.**- gewogen: 61 kg schwer

**15.06.**- das Spital Čepovan verlassen, gemeldet beim Regimentsstab

**16.06.**- beim Regimentsstab verpflegt, kein Fleisch, kein Brot

**17.06.**- eingerückt zur Kompanie in das Jelinek-Lager;

**18.06.**- Kirchengang;

**21.06.**- Bereitschaft, Kriegsanleihe gezeichnet 100 Kronen

**22.06.**- Abmarsch in die Stellung ½ 9 h Kanale[90] vorgeschobene Stellung; Feldwache 3 bezogen um 12 h, 10 Mann 30m vor feindlicher Feldwache

**26.06.**- abgelöst von der 9. Kompanie um 1.30 h

**27.06.**- stationiert in Meržina *?* 5.30 h früh d. 27.06.

**28.06.**- fleischloser Tag

**29.06.**- vom 29.06. an 650 g Brot

**30.06.**- Inspizierung durch Regimentskommandeur

---

[89] S. 32, 33, Seitenangabe handschr. unten
[90] *Kanal ob Soči*

**Juli 1916**[91]

**01.07.**- Baden nach Bate

**04.07.**- den Tag, 11 h Inspizierung durch den
Korpskommandanten General der Infanterie Wurm

**06.07.**- Gewehrvisit durch Büchsenmacher ½ 5 h

**03.07**- Exerzieren früh 7 – 10 h

**05.07.**- Exerzieren früh 7 – 10 h

**06.07.**- Exerzieren früh 7 – 10 h

**08.07.**- Abmarsch in die Stellung nach Lastivinica [Ložice ?],
Schützengraben bezogen Nr. 2 von der 3. Kompanie,
viel Kleingewehrfeuer und Maschinengewehr,
Feldwache 2 bezogen ½ 12 h abends

**12.07.**- Feldwache 2 bezogen

---

[91] S. 33, 34, Seitenangabe handschr.unten

**16.07.**- Feldwache 2 bezogen; Granatenfeuer über und neben
         unserer Stellung, insbesondere Bataillonsstab

**19.07.**- abgelöst von der 5. Kompanie, abmarschiert nach
         Theskla [*Deskle*] in Reservestellung des 3./4. Zuges, 1.
         Zug nach Proportno [*Praprotno*], 2. Zug in
         Mastivinice [*?*]

**21.07.**- Feldwache 2, ein Gasthaus besichtigt;

**23.07.**- Löhnung vom 11.07. bis 01.08.: 10 K[*ronen*] 50 sh
         [*Schilling*]

**24.07.**- Kriegsanleihebogen gekommen und bezahlt für 2
         Monate a 3 Kronen = 6 Kronen

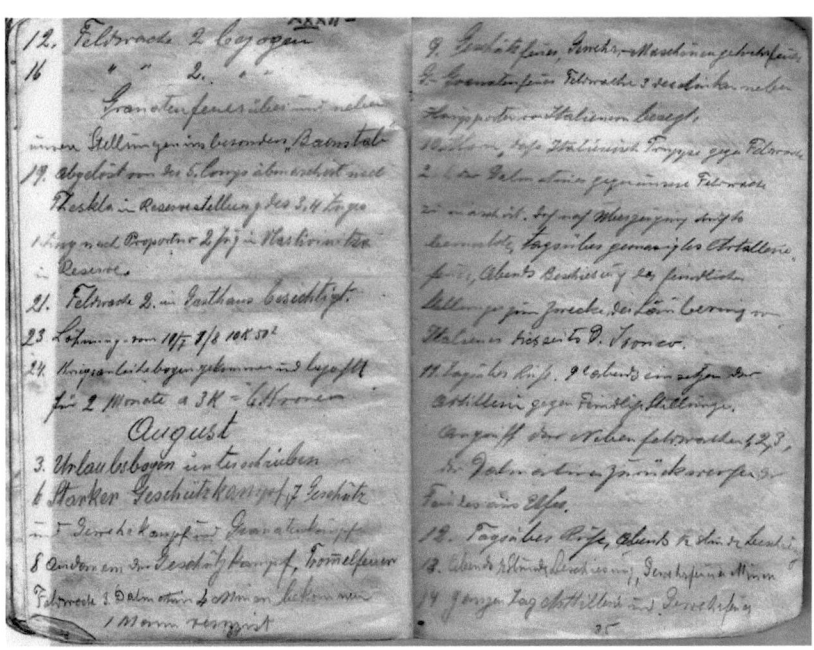

## August 1916[92]

**03.08.**- Urlaubsbogen unterschrieben

**06.08.**- starker Geschützkampf

**07.08.**- Geschütz- und Gewehrkampf

**08.08.**- Andauern des Geschützkampfes, Trommelfeuer
Feldwache 3, Dalmatien 4 Minen bekommen, 1 Mann
vermisst

**09.08.**- Geschützfeuer, Gewehr-, Maschinengewehrfeuer,
Geschütz-Granatenfeuer, Feldwache 3 der linken
neben [Haupt]posten von Italienern belegt

**10.08.**- Alarm, dass italienische Truppe gegen Feldwache 2
der Dalmatiner gegen unsere Feldwache zu
masch [*marschiert*?] ist, doch nach Überzeugung
[*unleserlich*]. Tagsüber gemäßigtes Artilleriefeuer,
abends Beschießung der feindlichen Stellungen zum
Zwecke der Säuberung von Italienern diesseits des
Isonzo

**11.08.**- tagsüber Ruhe, 9 h abends Einsetzen der Artillerie
gegen feindliche Stellungen, Angriff der
Nebenfeldwachen 1, 2, 3 der Dalmatiner
Zurückwerfen des Feindes ans Ufer

**12.08.**- tagsüber Ruhe, abends ½ Stunde Beschießung

**13.08.**- abends ½ Stunde Beschießung, Gewehrfeuer, Minen

**14.08.**- ganzer Tag Artillerie und Gewehrfeuer, *Fähnrich
Stasny* ohnmächtig, Nervenzerrüttung, 7 Mann
verwundet/tot: Zugführer Druniček, *Korporal Pavek*
tot, Infanterist Prsak tot, Lunjaček tot, Infanterist
Ullrich verwundet, Pokorny, Gottsič, Pollak

**15.08.**- bis auf Kleinigkeiten Ruhe

**16.08.**- morgens Gewehr-, Artilleriefeuer

**17.08.**- morgens 1 h abgelöst durch 10. Kompanie, an in
Humarji 7 h früh, Freilager III. Zug

---

[92] S. 34, 35, 36, 37, Seitenangabe handschr.unten

**18.08.**- Kirchengang

**19.08.**- früh Gewehrvisit, mittags Baden, 6 h abends
     Abmarsch ins Jelinek-Lager

**21.08.**- 5-10 h morgens Arbeit (Schanzen), abends 7.30 h in
     Stellung Morsko, Unterkunft 12; Eingabe zur
     Belobung

**25.08.**- abgelöst von der 9.Kompanie, Rückmarsch ins Lager
     Humarji

**27.08.**- Kirchgang

**28.08** - Übung gegen Gasangriff, *habe* ?, neue
     Feldpostnummer 370 bekommen

**29.08.**- früh 3 h auf Arbeit: Schützengraben, ober[halb] Loga
     [*Loke*] abends 9 h bis

**30.08.**- früh 5h Arbeit in Lohka [*Loke*], Aufstellen des 30,5 cm
     Mörsers, tagsüber Ruhe

**31.08.**- Kriegsanleihe 10 Kronen gezahlt; Oberleutnant
     Merker das Kompaniekommando übernommen;
     Oberleutnant Paselek zur 8. Kompanie transferiert;
     Oberleutnant Prochaska wieder zum Korps
     gekommen.

*30, 5 Skoda Mörser am KuK (Isonzofront)*

### September 1916[93]

**01.09.**-3 h früh auf Arbeit; Schützengraben bei Loga [*Loke*]
**03.09.**- wie 01.09.
**07.09.**- Baden
**08.09.**- Inspizieren durch *Regimentskommandanten*
*Oberleutnant Pezold [Petzoldt ?]*[94]
**09.09.**- Inspizierung durch *General Reinöhl*, Brigadier; 8 h
abends in die Stellung Loke, an 2 h
**10.09.**- 1 h morgens Feldwache 3 bezogen; Schanzenwache,
mittags frei

---

[93] S. 37, 38, Seitenangabe handschr.unten
[94] vgl hierzu Anmerkungen im Anhang S.176-177

**11.09.**- ab abends 10.30 h aus der Stellung

**12.09.**- am [*12.09.*] früh 3 h Abgeben des Rückwegs in Humarji, um 10 h Melden beim Regimentskommando, um 11 h ab von Lahka [*Loke*], um 11.30 h, an St.Lucia 5 h, ab 6.15 h, Übersteigen in Rosenbach, an Klagenfurth 11.30 h;

**13.09.**- ab Klagenfurth 6.15 h, St. Veit an der Glan umsteigen, Bru[c]k umsteigen, Wien 7.08 h an, ab 8.45 h abends;

**14.09**. an Haida 1 h mittags

*[Ende der Aufzeichnungen zum Felddienst]*

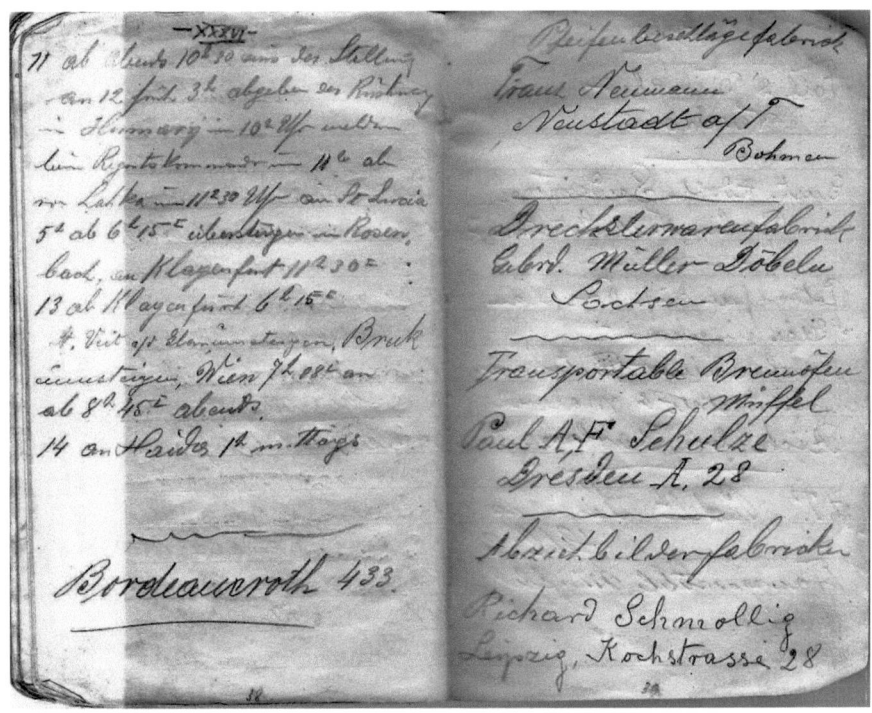

# 3 Kriegstagebuch 1916/1917

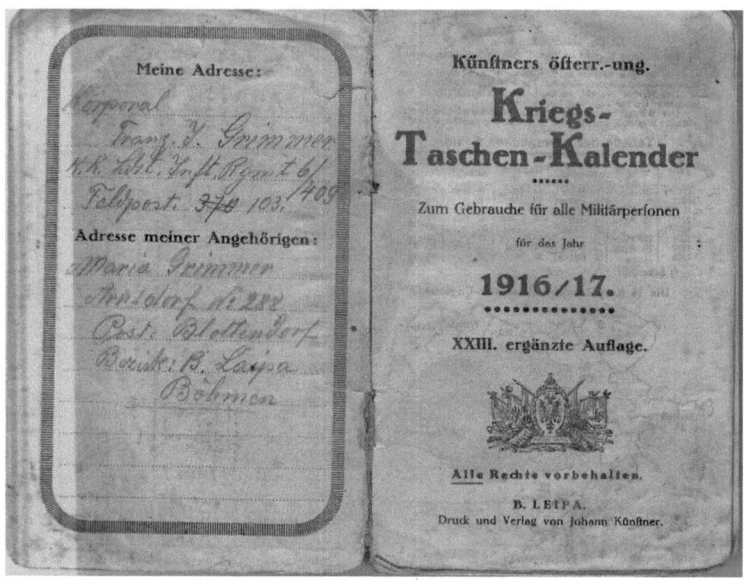

**Meine Adresse**: Korporal Franz J. Grimmer
K.K. Ldst. Inft. Rgmt[95]. 6/409
Feldpost (370) 103

**Adresse meiner Angehörigen**: Maria Grimmer
Arnsdorf[96] Nr. 288
Post Blottendorf[97]
Bezirk B.(*öhmisch*). Laipa[98]
Böhmen

---

[95] Kaiserlich-Königliches Landsturm Infanterieregiment
[96] Arnoltiče
[97] Polevsko
[98] Česka lipa

## September/Oktober 1916

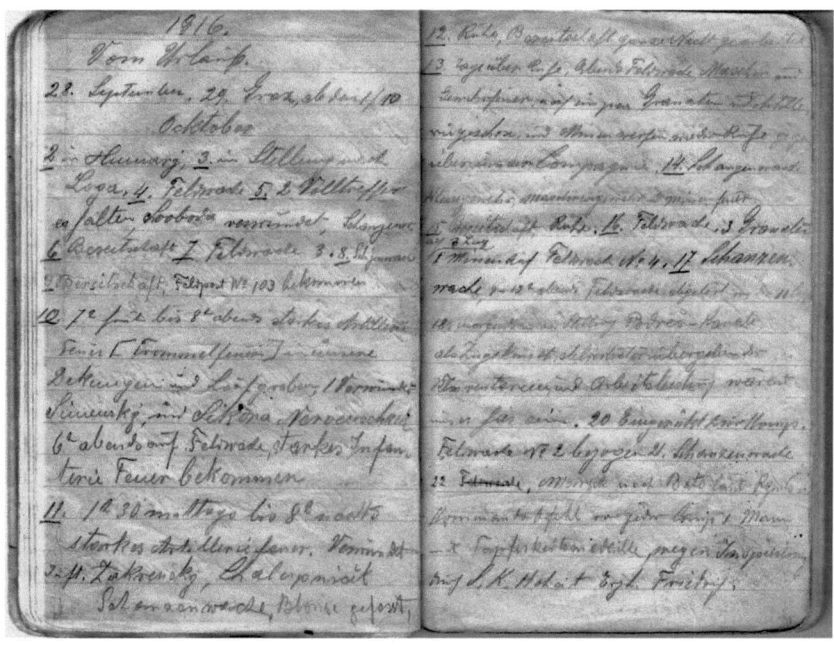

Text: vom Urlaub
28. September – 29. Graz ab den 1. 10.

### O[c]ktober 1916

**02.10.**- in Humarj[99]
**03.10.**- in Stellung nach Loga
**04.10.**- Feldwache
**05.10.**- 2 Volltreffer erhalten; Svoboda verwundet,
Schanzenw.[*ache*]
**06.10.**- Bereitschaft
**07.10.**- Feldwache 3
**08.10.**- Schanzenw[*ache*]

---

[99] Humarji

**09.10.**- Bereitschaft, Feldpost Nr. 103 bekommen

**10.10.**- 7 Uhr früh bis 8 Uhr abends starkes Artilleriefeuer [Trommelfeuer] in unsere De[c]kungen und Laufgraben, 1 Verwundeter Simensky, und Sikora Nervenschock, 6 h abends auf Feldwache, starkes Infanteriefeuer bekommen

**11.10.**- 1h 30 mittags bis 8h nachts starkes Artilleriefeuer. Verwundet Inft. Zakrensky, Chalupnic[č]ik, Schanzenwache, Blouse [*Militärkleidung?*] gefasst

**12.10.**- Ruhe, Bereitschaft ganze Nacht gearbeitet

**13.10.**- tagsüber Ruhe, Abends Feldwache, Maschin[en]- und Gewehrfeuer, auf eigne Granaten und Artilleriegeschos[s]e und Minenwerfer wieder Ruhe gegenüber unser[er] Compagnie

**14.10.**- Schanzenwache, Kleingewehr-,Maschinengewehr und Minenfeuer

**15.10.**- Bereitschaft, Ruhe

**16.10.**- Feldwache, 3 Granaten auf 3. Zug, Minen auf Feldwache 4

**17.10.**- Schanzenwache, 8-12 h abends Feldwache abgelöst von der II Compagnie

**18.10.**- morgens in der Stellung Podreš[100] – Kanale, als Zug[unleserlich]stel[/]vertreter [*Ü*]bergeben der Inventarien und Arbeitsleistung wären[t]d unser [unleserlich]

**20.10.**- Eingerü[c]kt zur Kompanie, Feldwache Nr. 2 bezogen

**21.10.**- Schanzenwache

**22.10.**- Marsch nach Bate laut Regimentskommandobefehl von jeder Comp[anie] 1 Mann mit Tapferkeitsmedaille wegen Inspektion durch S. K. Hoheit Erzh[erzog] Friedrich[101]

**23.10.**- früh 7 h beim Regimentskommando gestellt, um 11 h

---

[100] *Bodrež*
[101] vgl. Anhang S.205

besichtigt durch Regimentskommandant Petzold[102], Munitionen fassen

**24.10.**- 6 h 30 nach Čepovan gefahren, Aufstellung um 11 Uhr, 12 [h] Ankunft S. K. Hoheit,Inspizierung und Decorierung, ab Čepovan um 2 h, an in der Stellung Bodrež[103] 8. 30 h abends

**25.10.**- Dienstfrei

**26.10.**- Feldwache

**27.10.**- Schanzen

**28.10.**- frei

**29.10.**- abgelöst von 5. Compagnie 8.45 h abends

**30.10.**- in Humarij an 1.30 h morgen[d]s, 3 h nachmittag Munitionswache in Breg[104]

**31.10.**- ab nach Ravne[105] mit 6 Mann als Minenwerfer bei Sappen Compagnie[106] 6/13

---

[102] als Stabsoffizier (Oberstleutnant) des k. k. Landwehr Infanterie Regiments „Jičin" Nr. 11 [?]; vgl. zu Petzold im Anhang S.176-177
Bei der Notiz F. J. Grimmers zur Besichtigung durch den Regimentskommandanten Petzold am 23.Oktober scheint es sich um den von Windischgrätz[102] erwähnten Oberst Petzold zu handeln.
[103] handschriftlich Podreš
[104] Breg, Kromberk (Slowenien)
[105] Die Strecke von Bodrež (Front) in das Hinterland über Breg nach Ravne ist in 7 Std. 40 Min über **Grgar** zu bewältigen. (ohne Marschgepäck)
[106] Sappen: Oberirdische Annäherungswege (Gräben)

## November 1916[107]

**01.11.**- 9-11 h Schule über Bestandteile und Laden, Schiessen
aus Minenwerfer mit Luftdru[c]k, 2-4 h Schule über
Minen mit Pulver-Abschuss[108]

**02.11.**[109]- 8 h morgen[d]s Üben in Handgranaten,
Gewehrgranaten und mit Minen bis 11.45 h, 2-5 h
nachmittag[s] wie früh

**03.11.**[110]- 9-11 h Schies[s]en mit Minenwerfer Ravne[111]
beschossen, 1 Baon 22 Lst.Rgmt. ab gegen Görz

---

[107] Es fehlen Einträge zum 05., 12., 15, 17, 18, 20, 26. 28. und 30 November.
Grund: Wahrscheinlich häufiger Stellungswechsel
[108] Vgl. Anhang Notizbuch S.188
[109] handschriftlich: 2 ten
[110] handschriftlich: 3 ten
[111] *Grgarske Ravne*

**04.11.**- Schies[s]en von 9-11 h mit Granatwerfern, 2 h
 a[A]bmarsch zur Comp. [*anie*] nach Humarji,
 abends Bereitschaft
**06.11.**- Gasmaske probieren in Ravne und Baden in Bate
**07.11.**- Aussenwache I / [112], Breg, I. I. 9 Mann
**09.11.**- Marodenvisit[113]
**10.11.**- Marodenvisit, ab von Hummarji in die Stellung
 Morskr[114]
**11.11.**- Feldwache
**13.11.**- 6-12 h Grabenwache
**14.11.**- Schanzenwache
**16.11.**- Feldwache
**19.11.**- Schanzenwache
**21.11.**- Feldwache, Kaiser Franz Josef gestorben
**22.11.**- Lö[h]nung[115]
**24.11.**- 5.15 h aus der Stellung[116] nach Breg über Jelinek-
 Lager und Lahka [*Loke?*] zum Divisionsgericht
 in Strafsachen des Franz Schlechter, an 9.15 h, ab
 10.15 h an Hummarji 11 h, ab 12.15 h an in der
 Stellung um 5.30 h nachmittag[s], Eidesleistung der
 Compagnie in Kanale morgens dem neuen Kaiser Karl
 Franz Josef I.[117]
**25.11.**- 10.30 h morgens den Eid abgegeben in der Stellung
 Kanale für Kaiser Karl, abends Feldwache
**27.11.**- Schanzenwache
**29.11.**- Feldwache bei Artillerie, Minen, M[*aschinen*]
 Gewehrfeuer

---

[112] 08.11. durchgestrichen ?
[113] Krankenvisite
[114] *Morsko*
[115] 23.11."nach Breg abends ab" durchgestrichen
[116] [*Morsko*]
[117] vgl. Daten im Anhang

**Dezember**[118]

**01.12.**- Grabenwache

**03.12.**- Feldwache

**05.12.**- 07.12.und 09.12. Feldwache, Ablösung durch 5.
Compagnie um 8 h, an Humarje[119] 12 h

**19.12.**- Medaille S.[Silberne] II Class [Klasse] zuerkannt, 20
Urlauber ab Compagnie Baden, abends
8 h mit Herrn Leutnant Menasch[120] auf Patroull[ie] zur
neuen Stellung an Kokenb./Vrh wo gearbeitet wird,
bis 12 h Artilleriefeuer auf die Stellungen daselbst

**23.12.**- die Silberne Tapferkeitsmedaille zum 2 ten [M]ale von

---

[118] Keine Einträge zum 02., 04., 06., 08., 10., 11., 17.,18., 21., 22., 24., 25.,
26., 29., 30. und 31. Dezember

[119] *Humarji*

[120] Menage (Essen) zusammen mit Leutnant gemeint?

Teskla bekommen am 17 Corpss.[?]

**27.12.**- Kantonierungswache

**28.12.**- ab in Stellung nach Kanale um 5 h, an 8 h, Feldwache
5 bezogen in der Apotheke

## 1917

### Januar (Jänner 1917)[121]

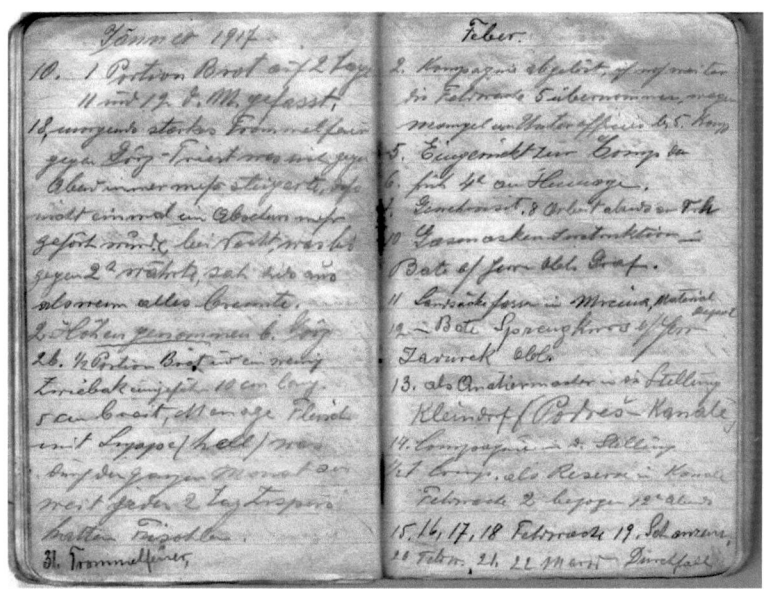

**10.01.**- 1 Portion Brot auf 2 Tage 11. Und 12. d.M. [*des Monats*] gefasst

**18.01.** -morgen[d]s starkes Trommelfeuer gegen Görz-Triest, was sich gegen Abend immer mehr steigerte, daß nicht einmal ein Absetzen mehr gehört wurde bei

---

[121] Für den Januar sind nur Eintragungen für den 10., 18. und 26. Vorhanden.

Nacht, was bis gegen 2 h währte, sah dies aus, als
wenn alles brennte. 2 Höhen genommen b [bei] Görz

**26.01.**- ½ Portion Brot nur ein wenig Zwieba[c]k ungefähr 10
cm lang, 5 cm breit, Menage Fleisch mit Suppe (hell),
was durch den ganzen Monat so weit jeden Tag
Zuspeis hatten Fiso[h]len[122]

**31.01.**- Trommelfeuer


## Februar (Feber)1917[123]

**02.02.**- Kompagnie abgelöst, ich noch weiter die Feldwache 5
übernommen wegen Mangel an Unter-Offizieren bei
5. Komp.[anie]

**05.02.**- eingerückt zur Comp.[anie]

**06.02.**-.4 h früh an Hummarji

**07.02.**- Gewehrvisit

**08.02.**- Arbeit abends am Vrh

**10.02.**- Gasmaskeninstruktion in Bate b/ [bei] Herrn
Obl. Graf

**11.02.**- Sandsäcke fassen in Mrcina[124], Materialdepot

**12.02.**- in Bate Sprengkurs b/ Herrn Zakurek ,Obl.

**13.02.**- als Quartiermacher in die Stellung Kleindorf/
Podreš[125]-Kanale

**14.02.**- Compagnie in die Stellung, ½ Comp. als Reserve in
Kanale, Feldwache 2 bezogen 12 h abends

**15.02.- 16.02, 17.02., 18.02.** Feldwache

**19.02.**- Schanzen

**20.02.**- Feldwache

---

[122] Fisolen: österreichisch grüne Bohnen

[123] Für den Februar fehlen Einträge für den 01. , 03., 04., 09., 24., 26. und 28. bis 30., wobei die Abläufe an diesen Tagen aus den vorhergehenden und nachfolgenden Notizen erschlossen werden können.

[124] Mrčinje

[125] Bodrež

**21.02.**- [*unleserlich*] Durchfall
**22.02.**-.[*Text d. 21.02.*]
**23.02.**- **25.02.**, **27.02.** Feldwache, vom 25.[02.] alle Tage
lt[laut] Beobachtung sämtlicher Unteroffiziere

### März 1917[126]

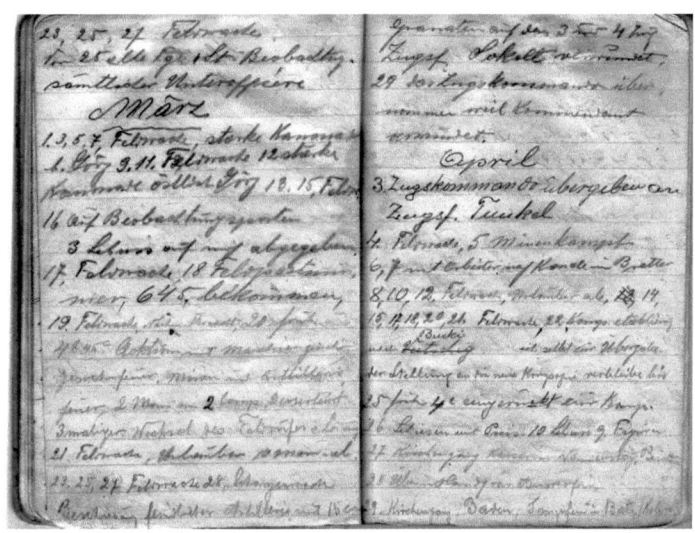

**01.03.**- Feldwache, starke Kanonade b.[ei] **Görz**
**03.03.**-⎫
**05.03.** ⎬ [*Text siehe 01.01.*]
**07.03.**-⎭
**09.03.**- Feldwache

---

[126] Auch im März verringern sich die täglichen Eintragungen. Es werden Tage und Ereignisse weggelassen, die keinen besonderem Eindruck auf F. Grimmer gemacht hatten, weil in ihrer deprimierenden und belastenden Eintönigkeit abstumpfend, oder im Zusammenhang mit Ereignissen stehen, die zuvor berichtet wurden: z.B. andauernder Beschuss durch den Gegner, Beschuss durch eigene Artillerie von Görz u. s. w.: 02., 04., 06., 08. 10., 14., 22., 24., 26., 30. und 31. 03.

**11.03**.- Feldwache

**12.03**- starke Kanonade östlich Görz

**13.03**.- Feldwache

**15.03**.- Feldwache

**16.03**.- auf Beobachtungsposten, 3 Schuss auf mich
abgegeben

**17.03**.- Feldwache

**18.03**.- Feldpostnummer 645 bekommen

**19.03**.- Feldwache nach Mitternacht [?]

**20.03**.- früh 4.45 h A[c]ktion mit Maschinengewehr,
Gewehrfeuer, Minen und Artilleriefeuer, 2 Mann aus
2. Comp. desertiert, 3 maliger Wechsel des Feldrufes
und Losung

**21.03**.- Feldwache, Urlauber 10 Mann ab

**23., 25. und 27.03**.- Feldwache

**28.03**.- Schanzenwache, Beschies[s]ung feindlicher Artillerie
mit 15 cm- Granaten auf den 3. und 4. Zug, Zugführer
Sokoll verwundet

**29.03**.- Das Zug(s)kommando übernommen, weil
Komme[a]ndant verwundet

## **April 1917**[127]

**03.04**.- Zug[s]kommando übergeben an Zug[s]führer Tunkel

**04.04**.- Feldwache

**05.04**.- Minenkampf

**06. und 07.04**. mit Arbeiter nach Kanale im Brette[r ?]

**08., 10. und 12. 04**. Feldwache, Urlauber ab

**14., 15., 17., 18. 20., 21.04**. Feldwache

**22.04**.- Kompagnieetablierung nach Bucki[128], ich selbst zur
Übergabe der Stellung an die neue Kompagnie
verbleibe bis

---

[127] keine Einträge für den 02., 09., 11., 13., 16., 23., 24. und 30. April
[128] durchgestrichen Vutschig

**25. [04.]**- früh 4 h eingerückt zur Komp.

**26.04.**- Schies[s]en mit Preis[:] 10 Schuss 9 Figuren

**27.04.**- Kirchengang, Kaiserin Namenstag, Beichten

**28.04.**- Üben in Handgranatenwerfen

**29.04.**- Kirchengang, Baden, Impfen in Bate K[Ch]olera

## Mai 1917

**02.05.**- in die Stellung Morsko l.[linker] Flügelzug, ab
Bathoja[129] ½ 8 h, abends an 11h übernommen

**03.05.**- Schanzenwache 12h[130], nach Mitternacht bis 12h
mittags

**04.05.**- auf 05.05 Feldwache

**06.05.**- Schanzenwache, abgelöst durch 8.Komp., als
Reservekompanie nach Kanal[e] vorher Besetzung
der Reservestellung

**07.05.**- den Dienst als Korp. v. Tag übernommen, bis auf
weiteres Kompagniearbeiten, starkes
Artilleriefeuer bekommen den ganzen Tag, den

**08.05.**- wie 07.05. Korporal Petters schwer verwundet durch
15 cm-Granate, welche oben unsern Unterstand
einschlug, Inft. Ullrich Nerven[s]c[h]o[c]k
[*09.05. bis 11.05. keine Eintragungen*]

**12.05.**- Trommelfeuer, verwundet durch eine Mine 13
[M]ann, 1[131] tod[t] von der Kompagnie 4. Zugs
Tunkel Korp.[oral] [*unleserlich*] Inft. Scholze,
Horašek, durch Schrapnel[l] Tragführer[132]

**13.05.**- morgen[d]s 2.30 h ab in Caverni[133] in Vrh, Gftr.

---

[129] anzunehmen Bate/Banjšice, das 13,9 km = 3 ½ Stunden Fußmarsch von
Morsko entfernt liegt
[130] morgends durchgestrichen
[131] einer
[132] Sanitäter [?]
[133] Die von österreichisch-ungarischen Truppen als auch von italienischen
künstlich geschaffenen Unterstände im Karstgebirge

Fladijka verwundet auf dem Wege hinunter

**14.05.**- ab Vrh 1.30 h, in Bate weiter nach Ravne[134], an 5 h,
8.30 h ab, Čepovan 10 h, ab 2.30 h, an Feldspital
Podmelez[135] 15.03 h um 5 h nachmittag

**15.05.**- zur Augenvisit 8 h früh, ins Sanatorium 10 h

**16.05.**- Fussvisit

**18.05.**- aben[d]s Bedienen der Schwerverwundeten die ganze
Nacht durch

**19.05.**- wie 18.05.

**21.05.**- Visit, Lö[h]nung

**22.05.**- Visit

**23.05.**- Visit, Transport, 11 h einwag[g]oniert, ab 12 h;
Menage[136] 1 h im Zug, 5 h Kaffee, Salami, Brot,
7 h abends aber

**24.05.**- **26.05.**- Visit

**27.05.**- ab 4.30 h vom Spital zum Bahnhof, Kaffee, Laibach[137]
um ½ 9 h abends Kaffe, Brot, 2 [?]

**[28.05]** 6 h früh Kaffee, Brot, an Graz 6.30 h, ab 7 h , 38[138]
Zigaretten von Schwestern bekommen, W[139].Neustadt
1 h, Menage: Gullaš[140] und Wein, ab 1.45 h an
Korneuburg 8.10 h, Baden, gewaschen, durch
Damen[141] verbunden

**29.05.**- Visit

**31.05.**- Zigaretten 10 St.[ück] Liebesgabe, Kleinigkeiten wie
Uhr, Briefschaften in d.G.[?] zurückbekommen

---

[134] Eher Raven mit einem Fußweg von 2 Stunden, Bate Ravne 5 h Fußweg
[135] *Podmelec*
[136] Essen
[137] *Lubljana*
[138] 38 unterstrichen !!
[139] Wiener-Neustadt
[140] Gulasch
[141] Freiwillige bürgerlicher oder adliger Herkunft

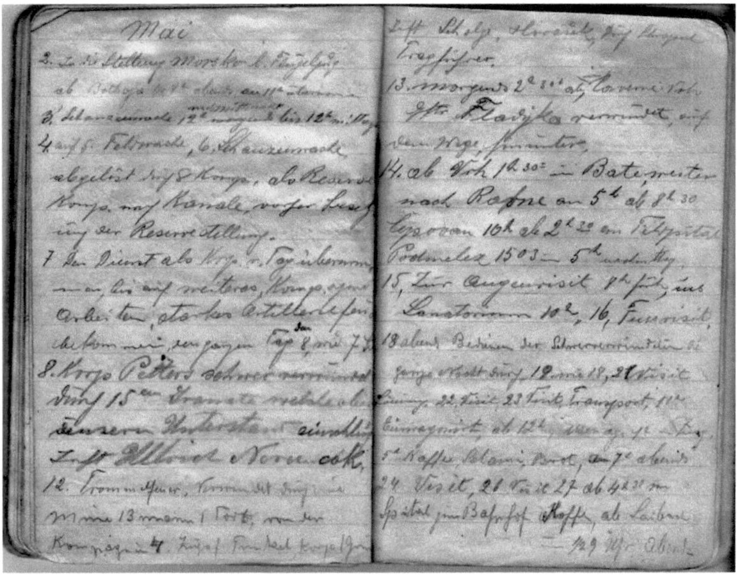

Mai

2. In die Stellung [illegible]
ab [illegible] an [illegible]
3. Schanzenwache 12h [illegible] bis 12h mittag
4. auf 5. Feldwache, 6. Schanzenwache
abgelöst durch 8. Kompagnie, als Reserve
Kompagnie nach Kanale, [illegible] Besetzung der Reservestellung.
7. Den Dienst als Korp. v. Tag übernommen, bis auf weiteres, Kompagnie [illegible]
Arbeiten, starkes Artilleriefeuer
bekommen, [illegible]
8. Korp. Petters schwer verwundet
durch 15 cm Granate [illegible]
unseren Unterstand [illegible]
Zugsf. Ullrich Nowak,
12. Trommelfeuer, verwundet durch [illegible]
Mine 13 morgens [illegible]
Kompagnie 4. [illegible]

Zugsf. Scholz, [illegible]
Trägerführer.
13. morgens 2h 30 [illegible]
[illegible] verwundet, auf
dem Wege [illegible]
14. ab [illegible] 1h 30 [illegible]
nach [illegible] an 5h ab 8h 30
[illegible] an 10h ab 2h 20 an Feldspital
Podmelec 15 03 [illegible] 5h nachmittag.
15. Zur Augenvisit 9h früh, ins
[illegible] 10h, 16. Fiebervisit,
18 abends [illegible]
[illegible] 12 mit 18, 21 Visit
[illegible] 22. Visit, 23 Visit, Transport, 11h
[illegible] ab 12h [illegible]
5h Kaffee, Salami, Brot, an 7h abends
24. Visit, 21 [illegible] 27 ab 4h 30 [illegible]
Spital [illegible] Bahnhof Kaffee, ab Laibach
[illegible] 9 Uhr abends

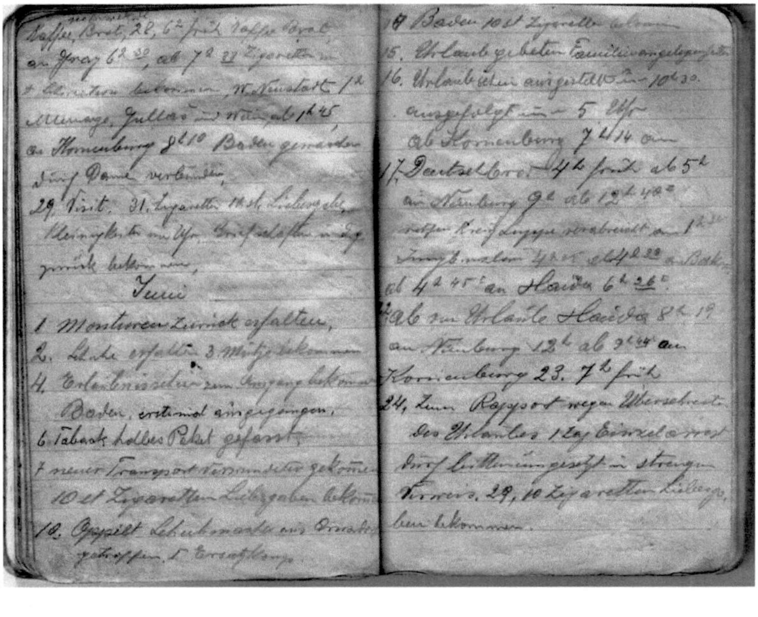

Kaffee, Brot, 28, 6h früh Kaffee Brot
an Graz 6h 30, ab 7h 27 Zigaretten [illegible]
[illegible] bekommen, W. Neustadt 1h
Menage, Gulasch [illegible] ab 1h 45
an Kornenburg 8h 10 Baden [illegible]
durch Dame verbunden,
29. Visit, 31. Zigaretten 10 St. Liebesgabe,
[illegible]
zurück bekommen,

Juni

1 Montieren zurück erhalten,
2. Schuhe erhalten 3. Mütze bekommen
4. Erlaubnisschein zum Ausgang bekommen
Baden, erstemal ausgegangen.
6. Tabak halbes Paket gefasst,
7 neuer Transport Verwundeter gekommen
10 St. Zigaretten Liebesgaben bekommen
10. [illegible]
[illegible] 5. Ersatzkompagnie

14 Baden 10 St. Zigaretten bekommen
15. Urlaub gebeten Familienangelegenheiten
16. Urlaubschein ausgestellt [illegible] 10h 30.
ausgefolgt [illegible] 5 Uhr
ab Kornenburg 7h 14 an
17. Deutschbrod 4h früh ab 5h
an Nimburg 9h ab 12h 40
[illegible] 1h 30
[illegible] 4h 05 ab 4h 20 [illegible]
ab 4h 45 an Haida 6h 26.
22 ab vom Urlaube Haida 8h 19
an Nimburg 12h ab 9h 44 an
Kornenburg 23. 7h früh
24. Zum Rapport wegen Überschreitung
des Urlaubes 1 Tag Einzelarrest
durch Milderungsgesuch in strengen
Verweis. 29. 10 Zigaretten Liebesgaben bekommen.

## Juni 1917

**01.06.**- Monturen zurück erhalten

**02.06.**- Schuhe erhalten

**03.06.**- Mütze bekommen

**04.01.**- Erlaubnisschein zum Heimgang erhalten, Baden, erste
sind ausgegangen

**06.06.**- Taback halbes Paket gefasst

**07.06.**- neuer Transport Verwundeter gekommen, 10 e[S]t[142]
Zigaretten Liebesgaben bekommen

**10.06.**- Oppelt Schuhmacher aus Arnsdorf getroffen 1.
Ersatzkompanie

**14.06.**-.10 St.[*ück*] Zigaretten bekommen

**15.06.**- [um] Urlaub gebeten Familienangelegenheiten

**16.06.**- Urlaubschein ausgestellt und 10.30 h ausgefolgt[143],
um 5 h ab, Korneuburg 7.14 h an

**17.06.**- Deutschbrod[144] 4 h früh, ab 5 h; an Nimburg[145] 9 h ab
12.40 h, r[R]ote Kreuz-Suppe verabreicht,
an 1.24 h Jungbunzlau, 4.05 h ab, 4.30 h an, ab 4.45 h
an Haida 6. 26 h

**22.06.**- ab vom Urlaub Haida 8.19 h, an Nimburg 12 h, ab 9.44
h, an Korneuburg

**23.06.**- 7 h früh

**24.06.**- zum Rapport wegen Überschreiten des Urlaubes, 1
Tag Einzelarrest durch bitten umgesetzt in strengen
Verweis

**29.06.**- 10 Zigaretten Liebesgaben bekommen

---

[142] Stück ?

[143] erteilt

[144] *Havlíčkův Brod*, Tschechien

[145] *Nymburk*, Tschechien

## Juli 1917

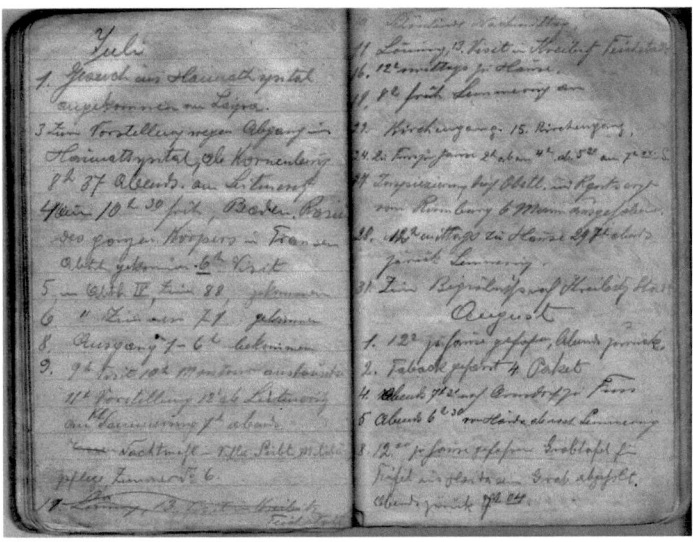

**01.07.**- Gesuch ins Heimathspital von Leipa

**03.07.**- Zur Vorstellung wegen Abgang ins Heimathspital, ab
Korneuburg 8.37 h abends, an Leitmeritz 04.07. um
10.30 h früh, Baden, Rasur des ganzen Körpers in
Frauenabteilung gekommen, 6 h Visit

**05.07.**- in Abth.[eilung] IV, Zimmer 88 gekommen

**06.07.**- in Zimmer 71 gekommen

**08.07.**- Ausgang 1-6 h bekommen

**09.07.**- 9 h Visit, 10 h Mont[o]uraustauch, 11 h Vorstellung,
12 h ab Leitmeritz, an Kl.[ein]Semmering[146] 7 h
abends, Nachtmahl in Villa Seibt, Militärpflege Zimmer
Nr. 6

**10.07.**- Schönlinde Nachmittag

**11.07.**- Lö[h]nung

**13.07.**- Visit in Kreibitz Teichstadt[147]

---

[146] Malý Semerink (Klein Semmering); vgl. Text im Anhang V S. 203

**16.07.**- 12 h mittags zu Hause

**18.07.**- 8 h früh Semmering an

**22.07.**- Kirchengang, 15. Kirchengang

**24.07.**- zu Fuss zu Hause 2h ab, an 4 h, ab 5.30 h an 7.04 h S[148].

**27.07.**- Inspi[e]zierung durch Obstl. und Regimentsarzt von Rumburg[149], 6 Mann ausgehoben

**28.07.**- 12 h mittags zu Hause

**29.07.**- 7 h abends zurück Semmering

**31.07.**- zum Begräbnis nach Kreibitz Stadt[150]

## August 1917

**01.08.**- 12 h zu [nach] Hause gefahren, Abends zurück

**02.08.**- Taback gefasst

**04.08.**- Paket, abends 7.20 h nach Arnsdorf zu Fuss

**05.08.**- abends 6.30 h von Haida ab nach Semmering

**08.08.**- 12 h zu Hause gefahren, Grabtafel für Teufel aus Haida zum Grab abgeholt, abends zurück 7.04 h

**11.08.**- 7.53 h früh ab nach Arnsdorf

**12.08.**- 6.26 h abends ab nach Semmering

**16.08.**- ½ 8 h ab Semmering nach Arnsdorf

**18.08.**- ab Haida, an Semmering 7.01 h

**19.08.**- Kirchengang und Friedhof anlässlich Kaisers Geburtstage

**20.08.**- 7.30 h abends nach Arnsdorf, Maria auf Besuch

---

[147] Die Stadt Kreibitz (čechisch Chřibská) besteht heute aus den Ortsteilen Dolní Chřibská (*Niederkreibitz*), Chřibská (*Kreibitz*), Horní Chřibská (*Oberkreibitz*) und Krásné Pole (*Schönfeld*) [http://www.uir.cz/katastralni-uzemi-obec/562530/Obec-Chribska]; Teichstadt (*Rybniste*) gehört wohl zu Kreibitz Stadt.

[148] Semmering

[149] Gemeint ist wohl nicht die Person sondern die Stadt Rumburk (deutsch *Rumburg*) im Okres Děčín in der Region Ústecký kraj in Tschechien.

[150] Entfernung von Arnsdorf (21,0 km)

**21.08.**- 6 h abends ab Falkenau[151] nach Semmering
**27.08.**- nach Arnsdorf zu Fuss; ab 3.45 h nach der Visit vom
Rumburger 7 Mann ab nach Leitmeritz
**28.08.**- von Falkenau nach Semmering 7.42 h morgens
**30.08.**- Abends Dienst bei [*unleserlich*] Dienstel wegen
Diebstahl
**31.08.**- Nachmittag zu Hause

---

[151] Falkenau bei Haida (Falknov)

# September 1917[152]

**01.09.**- abends nach Hause

**02.09.**- 8.24 h nach Neuschenken[153] zur Tochter Maria

**03.09.**- früh von Neuschänke[n] 4.30 h nach Bösig, ab 6 h, an
Semmering 7.45 h

**03.09.** -1.30 h von Semmering nach Hause, bis

**06.09.**- abends Urlaub 7 h, an Semmering

**07.09.**- nach Hause gefahren

**08.09.**- zu Fuss nach Semmering früh 9.15 h, Mittag ab nach
Leitmeritz, an 7 h abends, Zimmer 27 Reservespital,
Baden

09.09.- Nachmittags in Bara[c]ke III

**19.09.**- Frau auf Besuch in Leitmeritz

**22.09.**- zur Sichtigung b[ei] [Arzt ?] Dr. Lichtenstein

**25.09.** 5.30 h abends ab Spital zum Kader Ldst.[Landsturm] I/9 in
Steinenkrug

**26.09.**- früh Präsentierung, Befund tgl.[tauglich], nachmittag zur
Aufnahme, abends im Seminar

**27.09.**- 6 h abends ab nach Auscha[154] zum Schützenregiment Nr.9,
3.Komp.[anie] Ers.[atz]

**28.09.**- früh Rapport [E]inrückung gemeldet, 10 h Befehl

**29.09.**- für Exerzieren nachmittag Reinigung

**30.09.**- früh Kirchengang, 10 h Befehl II. Zug Assistenzbereitschaft

---

[152] ohne Eintrag in Notizen

[153] *Bösig- Neuschänke*; Arnsdorf-Neuschänke 55,3km)

[154] Jetzt *Úštěk*: Auscha ist ein Zentrum des Hopfenanbaus und war ein Zentrum des böhmischen Hopfenhandels. Durch die Stadt führte die Ärarialstraße von Leitmeritz nach Böhmisch Leipa.

## Oktober 1917

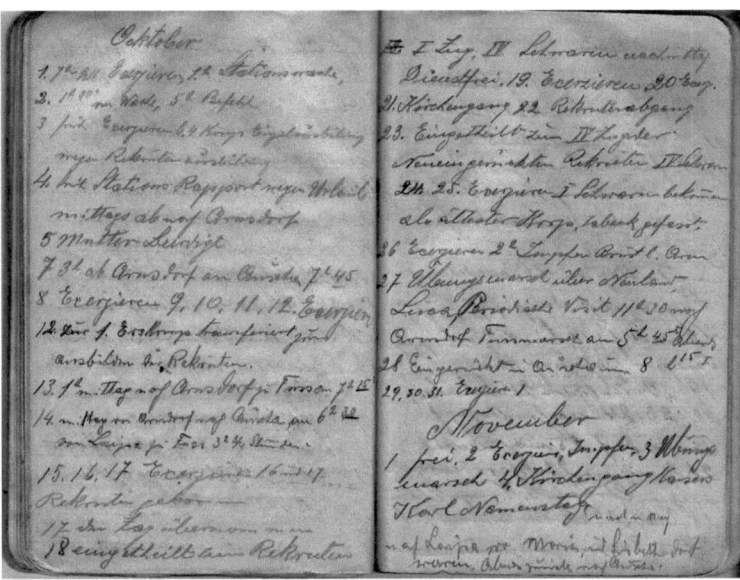

**01.10.**- ½ 7- ½ 11 h Exerzieren. 1 h Stationswache

**02.10.** in Wache, 5 h Befehl

**03.10.** früh Exerzieren b.[ei] 4. Komp.[anie] Einzelausbildung
wegen Rekrutenausbildung

**04.10.**- früh Stationsrapport wegen Urlaub, mittags ab nach
Arnsdorf

**05.10.**- Mutter beerdigt

**07.10.**- 3 h ab Arnsdorf, an Auscha 7.45 h

**08.10.**- Exerzieren

**09.10., 10.10., 11.10.** [und] **12.10.**Exerzieren, [am] 12.10.zur
- 1. Ersatzkomp.[anie] transferiert zum Ausbilden
der Rekruten

**13.10.**- 1 h mittag nach Arnsdorf zu Fuss, an 7.15 h

**14.10.**- mittag von Arnsdorf nach Auscha, an 6.30 h, von Leipa
zu Fuss 3 ¾ h

**15.10.-16.10., 17.10.**Exerzieren: **16.10.** und **17.10.** Rekruten gekommen, 17.10, den Zug übernommen

**18.10.**- einget[h]eilt zum Rekruten: I. Zug IV. Schwarm, nachmittag [D]ienstfrei

**19.10.**- Exerzieren

**20.10.**- Exerzieren

**21.10.**- Kirchgang

**22.10.**- Rekrutenabgang

**23.10.**- Eingetheilt zum IV. Zug der Neueingerückten Rekruten IV. Schwarm

**24.10.-25.10.** Exerzieren, I Schwarm bekommen als ältester Korp.[*oral*], Taback gefasst

**26.10.**- Exerzieren, 2 h Impfen Brust l.[*linker*] Arm

**27.10.**- Übungsmarsch über Neuland, Leipa; periodische Visit 11.30 h, nach Arnsdorf Fussmarsch, an 5.45 h abends

**28.10.**- Eingerückt in Auscha um 8.15 h

**29.10., 30.10, 31.10.** Exerzieren


## November 1917

**01.11.**- frei

**02.11.**- Exerzieren, Impfen

**03.11.** -Übungsmarsch

**04.11.**- Kirchengang Kaisers Karl Namenstag, nachmittag nach Leipa wo Maria und Lisbeth dort waren, abends zurück nach Auscha

**05.11., 06.11., 07.11., 08.11., 09.11.** Exerzieren, nachmittag Impfen

**10.11.**- früh Übungsmarsch ½ 12 h nach Bleiswedel[155], ab mit Bahn nach Leipa, 4.30 h in Arnsdorf

**11.11.** 3 h ab nach Auscha, an 8 h

**12.11.- 13.11.** früh Exerzieren, nachmittag frei wegen Errettung Kaiser Karl vom Ertrinken[156]

---

[155] jetzt Blíževedly (von Auscha 6,4 km entfernt)

**14.11**. Exerzieren

**15.11**. wie 13.11.

**16.11**.- **17.11** Exerzieren, nachmittag von Bleiswedel nach La[e]ipa gefahren, dan[n] zu Fuss nach Arnsdorf

**18.11**.- bis Neugarten zu Fuss, dann per Bahn nach Auscha

**19.11. 20.11**. Exerzieren

**21.11**.- Schule

**22.11. 23.11., 24.11**. [*wohl Exerzieren*] nachmittag nach Arnsdorf

**25.11**.- nach Auscha

**26.11**.- Exerzieren

**27.11**.- Marodenvisit wg.[*wegen*] Urlaub, Komp[*anie*]übung

**28.11**.- Exerz.[*ieren*]

**29.11**.- Schies[s]en

**30.11**.- Exerz.[*ieren*]

## Dezember 1917

---

[156] Vgl. Text im Anhang, S.205

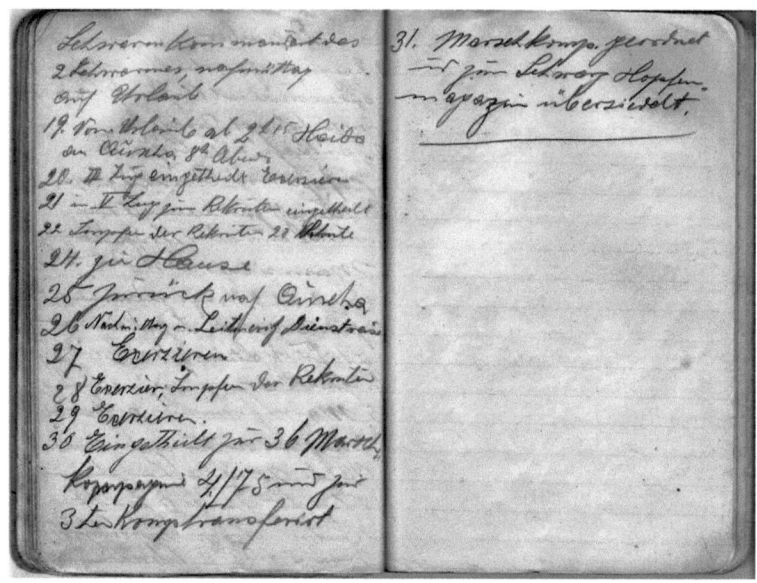

**01.12.**- Exerzierplatz, nachmittag nach Bleiswedel mit Bahn
nach Leipa, dann zu Fuß nach Arnsdorf

**02.12.**- Per Bahn nach Leipa, dann zu Fuß nach Auscha, an
12h

**02.12.**- Übersetzt zum neuen IV. Zug, welche[r] aus alter
kriegstauglicher Mannschaft besteht und von der 3.
und 2. Komp.[anie] gekommen sind; früh Exerzieren;
Zugskommandant Lt.[Leutnant] Türk, Stellv.[ertreter]
Fetim [?] Levandovsky

**04.12.**- früh Exerzieren, nachmittag Schule

**05.12.**- Marschformation aufgestellt, 2 Züge unter
Komp.[anie]kommandant Oblt.[Oberleutnant] Müller,
Zugskommandant I Zug Lt. Türk, II Zug Lt. Hentsch, ich
daselbst einget[h]eilt I. Zug, II.Schwarm[157], [als]
Schwarmkommandant des 2. Schwarmes, nachmittag
auf Urlaub

**19.12.**- vom Urlaub ab 2.15 h Haida, an Auscha 8 h aben[d]s

---

[157] zu Schwarm vgl. Anhang, S.200

**20.12.**- III. Zug einget[h]eilt, Exerzieren
**21.12.**- in V. Zug einget[h]eilt zum Rekruten
**22.12.**- Impfen der Rekruten
**23.12.**- Schule
**24.12.**- zu Hause
**25.12.**- zurück nach Auscha
**26.12.**- Nachmittag n[*ach*] Leitmeritz, Dienstreise
**27.12.**- Exerzieren
**28.12.**- Exerzier[*en*], Impfen der Rekruten
**29.12.**- Exerzieren
**30.12.**- Einget[h]eilt zu 36. Marschkompanie 4/75 und zur 3
ten Komp[*anie*] transferiert
**31.12.**- Marschkomp[*anie*] geordnet und zum Schwarz-
Hopfen- Magazin übersiedelt

*(Ende Aufzeichnungen Felddienst)*

# 4 Kriegstagebuch 1918

# Januar 1918

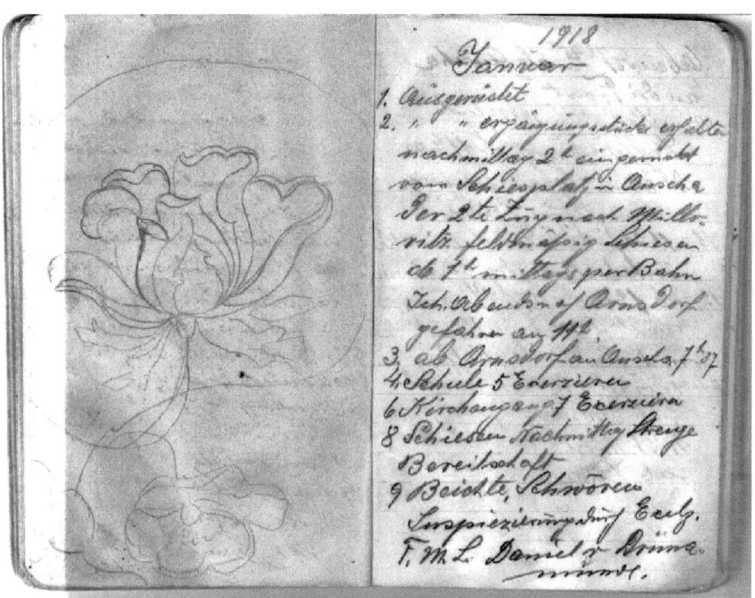

**01.01.**- ausgerückt

**02.01.**- ausgerückt, Ergänzungsstücke erhalten, nachmittag 2
h eingerückt vom Schies[s]platz in Auscha[158], der 2.
Zug nach Millo[w]itz[159] feldmäßig Schießen, ab 1 h
mittags per Bahn, Ich abends nach Arnsdorf gefahren
an 11 h

**03.01.**- ab Arnsdorf, an Auscha 7.37 h

**04.01.**- Schule

**05.01.**- Exerzieren

**06.01.**- Kirchengang

**07.01.**- Exerzieren

**08.01.**- Schießen, Nachmittag strenge Bereitschaft

---

[158] Úštěk, Tschechien
[159] Milovice nad Labem

**09.01.**- Beichte, Schwören, Inspi[ɐ]zierung durch Exclz. F. M. L. Daniel von Drüna mündl. [ich], abends 7.45 h ab Auscha an die Front

**10.01.**- in Kolin 10.30 h früh, Kaffe und Wurst ab 11 h, 8 h abends Iglau Menage: Rüben, Suppe, Fleisch

**11.01.**- 1.30 h früh in Gröschelmauth[160] Verkehrsstörung durch Einschneien

**12.01.**- ab 1.30 h mittags Znaim an 2.45 h, Menage: Kraut mit Rindfleisch, Kaffe, Wurst, 2 St.[ück] Brot, außerdem nach Gröschelmauth auch ¼ Brot und Wurst, ab Znaim 3.20 h, an Wien 8.45 h abends N.W.B.[161] Kaffe[e], Wurst, ab 10.15 N.W.B.

**13.01.**- an Matzelsdorf 1.45 h, nach 9 h Kaffe[e], Wurst, ab 10.30 h, an Wiener Neustadt 1 h, Menage: Selchfleisch suppe mit Nudel und Selchfleisch. Ab 2.45 h

**14.01.**- 2.30 h früh an Bru[c]k a. M.[162], 2 Kaffe[e], 2 Würst[e] Nachtmahl, Frühstück ab 6.15 h, an Graz 10.10 h, Menage: Suppe, Rindfleisch, Rüben, ab 1 h mittag, an Marburg[163] 4.30 h: Kaffee, Marmelade, ab 5 h abends

**15.01.**- Pragerhof[164] an 6.30 h früh, Kaffe[e], Marmelade, ab 8 h, an Sallo[s]ch[165] 4 h, Menage Nachtmahl

**16.01.**- 3 h früh ab Salloch, an 12 h Sisana[166], Menage und Frühstück: Kaffe[e], Hä[e]ring, Konserven, Suppe, *Pragerhof über Laibach, St Peter*[167], Sisana, ab 2 h, an Opčina[168] 6 h, Nachtmahl: Kaffe[e], Käse, Brot, ab 9.30

---

[160] Grešlové Mýto
[161] Nordwestbahnhof im Bezirk Brigittenau in Wien
[162] Bruck/Mur
[163] Maribor (Slowenien)
[164] Pragersko (Slowenien)
[165] Ljubljana Zalog (Salloch)
[166] Sežana (Sessana)
[167] Die auf der nächsten Seite des Kriegstagebuchs, vom Herausgeber kursiv wiedergegebene Notiz stellt sicher einen Nachtrag Grimmers über den Streckenverlauf bis Sežana (Sessana) dar

h abends über Görz, Villa Opicina (Opicina Staatsbf) an 4 h

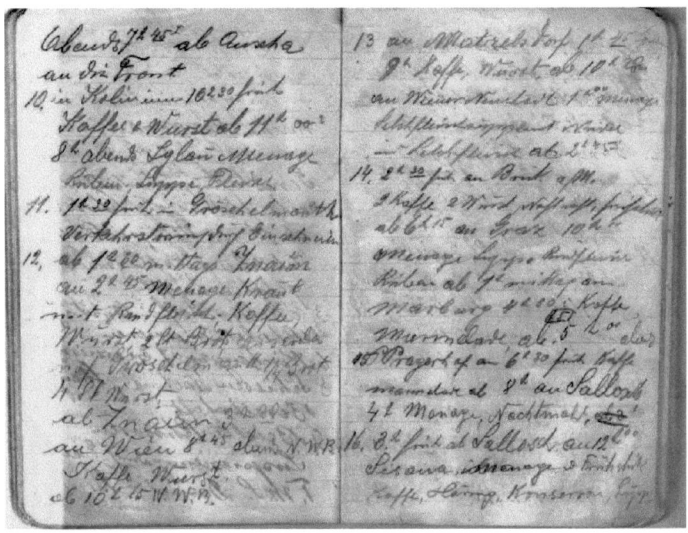

**17.01.**- um 4 h früh, 1. Conserve, ab 6 h, an 7 h in Puttrio[169]
ohne Nachtmahl

**18.01.**- ab zu Fuß nach Chiasullis[170], um 8.30 an, 11.30 h
Seemann Hradicki getroffen, Adresse 36/1 f. B. 75,
Feldp.[ost] 279

**19.01.**- Rasttag, Reinigung

**20.01.**- in Chiasottis

**21.01.- 22.01., 23.01.**- Exerziere

**24.01.**- Schies[s]en, Exerzieren

**25.01.**- früh Exerzieren, nachmittag nach Lavariano[171]
Suspizierung

**26.01.**- Exerzieren

**27.01.**- früh Schies[s]platz bauen, 1 h Stationswache

**29.01.**- Schützengraben bauen 301 ST.[?] wie gestern, dann
Exerzieren

**30.01.**- Exerzieren

**31.01.**- früh Graben bauen, nachmittags Schies[s]en

---

[169] Buttrio
[170] Chiasottis
[171] Chiasottis-Lavariano: 3 km Fußweg

### Februar (Feber) 1918

**01.02.**- Exerzieren, Nachmittag mit 7 Mann des I. Zuges
Nachexerzieren als Aufsichtsoffizier, 33., 34, 35, und
36./1. Marschkompanie marschbereit

**02.02.**- [*Text siehe oben*]

**03.02.**- in Chiasottis, Zielscheiben; Ad[t]rappen, Fechtstangen
abgeführt, beim Gruppenkommando Feldpost,
Staffelkanzlei mit Dienstschreiben gewesen und
Kollegen Michel Rudolf besucht, nachmittags
Geldauszahlung

**04.02.**- Schützengraben ausheben,

**05.02.**- Exerzieren

**06.02.**- 5 h Lagerwache, 6 h Baden nach Risano, Badezug 1.30
h Chiasottis, 2.30 h nach Chiasottis Scheiben holen
mit 6 Mann

**07.02.**- früh Schützengraben (unleserlich), 12.30 h Schies[s]en

**08.02.**- Exerzieren, Nachmittag Ad[t]rappen und Fechtstangen in Chiasottis geholt, die Medallien zu Tage von Juni 1917 bis Feber 1918 erhalten

**09.02.**- *[Text vom 08.02.]*

**10.02.**- Monturvisit

**11.02.**- Handgranaten werfen, in Chiasottis, 1.30 h Stationswache, Frieden mit ganz Russland, Bericht gekommen, *H. Fähnrich Schmatt* in Hurra mit des II. Zuges ausgebracht

**12.02.- 13.02.**- Schies[s]en

**14.02.**- Exerzieren

**15.02.**- Chiasottis Sachen abführen

**16.02.**- ab Chiasottis 4 h; ab Risano per Bahn 9 h, an Udine 11 h

**17.02.**- 6 h Kaffe, ¼ Brot, ab 10.30 h, an Comors [Cormons] 1 h; ½ Conserve, Suppe, ab 3 h, an Proačina 5 h ab, Kaffe[e], Topfen[172], ab 8 h abends

**18.02.**- an Laibach 12 h – Kaffe[e], Suppe Fleisch, ab Laibach 2 h, an Csaktorn[173] gek.[ommen ?]

**19.02.**- 6 h früh, ab 8 h Kaffe[e], Wurst, an Nagykanizsa[174] 11 h: Suppe, Fleisch, Fisolen, ab 2 h

**20.02.**- Budapest an 6 h früh, Kaffe[e], Wurst, Menage: Graupensuppe mit Fleisch

**21.02.**- Ujholy[175] 12 h; Menage 8 h abends: Kaffe[e], Brot, Wurst

**22.02.**- 6 h Chyrow Galizien Kaffe[e], Wurst, Brot, 8 h ab, Przemysl 9.30 h Schweinefleisch, Suppe, Brot, ab 12.30 h, an Lemberg[176] 9 h Kaffe[e], Brot, Wurst, ab

---

[172] österreichisch und bayerisch für Quark (Milchprodukt)

[173] Čakovec (deutsch *Csakathurn* oder *Tschakathurn*, ungarisch *Csáktornya*) ist eine Stadt im Norden Kroatiens

[174] Nagykanizsa (dt. *Großkirchen* oder *Groß-Kanizsa)*; ist eine Stadt im Komitat Zala in Ungarn in: https://de.wikipedia.org/wiki/Nagykanizsa

[175] Ujsoły (Dorf der Woiwodschaft Schlesien in Polen)

[176] Lwiw (Ukraine)

12 h

**23.02.**- 8h früh auswaggoniert [*unleserlich*], Kaffe[e], Baden,
1.30 h Bara[c]ke in Rosenberg[177], Etappenpost 256
A.A.G. IX

**27.02.**- ab von Rosenberg- 8.30 h früh, an Schtschyrez [178] 10 h
Inspizierung, Löhnung b.[*is* ?] 28.

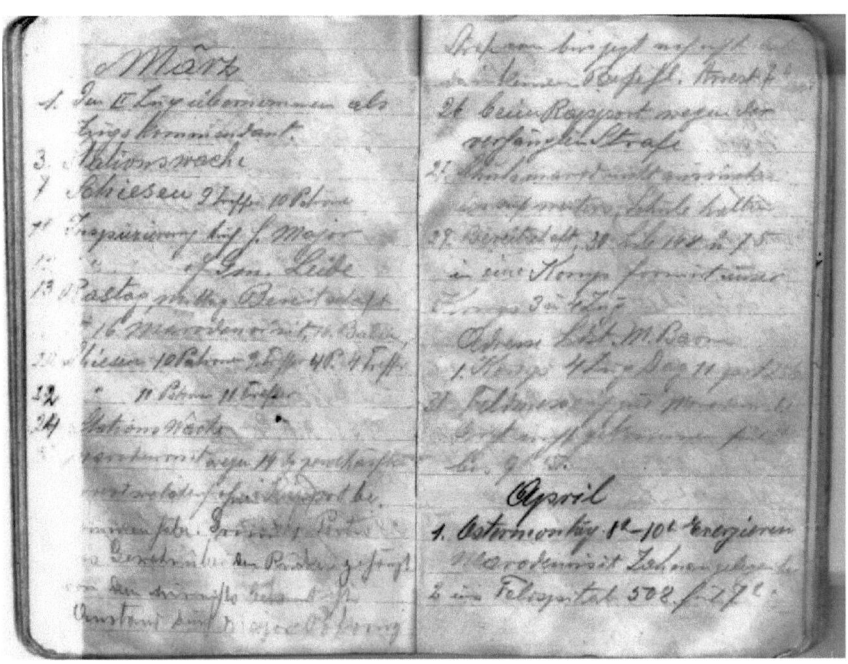

### März 1918

**01.03.**- den II. Zug übernommen als Zugskommandant
**03.03.**- Stationswache
**07.03.**- Schies[s]en: 9 Treffer- 10 Patronen
**11.03.**- Inspizierung durch H.[*errn*] Major

---

[177] Schtschyrez
[178] Siemianówka

**12.03.**- Inspizierung durch H.[*errn*] Generalmajor Leide[179]

**13.03.**- Rasttag, Mittag Bereitschaft

**16.03.**- Marodenvisit

**18.03.**- Baden

**20.03.**- Schies[s]en: 10 Patronen -9 Treffer, 4 Patronen-4 Treffer

**22.03.**- Schies[s]en: 11 Patronen-11 Treffer

**24.03.**- Stationswache

**25.03.**- Marodenvisit wegen 14 tg.[180] verschärften Arrest welchen ich für Rapport bekommen habe. Grund ist Portio das Gewehr über den Rücken gehängt von dem durch nichts bekannt ist Umstand. Auch Major Pokorny: Strafe vom bis jetzt noch nicht bekam, da in keinem Befehl. Arrest 7 h

**26.03.**- beim Rapport wegen der verhängten Strafe

**27.03.**- Schulz marod, nicht ausrücken bis auf weiteres, Schule halten

**29.03.**- Bereitschaft

**30.03.**- Leib 148 und 75 in eine Komp. formi[e]rt[181] unser Komp. 3. und 4. Zug, Adresse: Ldst.M Baon, 1. Kompanie 4. Zug … 11, post 256

**31.03.**- Feldmesse, ich zur Marodenvisit, Arzt nicht gekommen früh 9 h bis 9.15 h

---

[179] Leide von Dolina, Joseph (14.9.1861 - 27.3.1920), 1.9.1915 (26.8.15) GM, 1.5.1918 (5.6.18) FML, 1.1.1919 pens.
In:http://www.historie.hranet.cz/heraldika/pdf/schmidt-brentano2007.pdf
[180] tägiger
[181] Unsicherheit Ende 19./Beginn 20, Jahrhundert in der Orthographie: -e- als Dehnung möglich, gewöhnlich nicht

## April 1918

**01.04.**- Ostermontag, 8 – 10 h Exerzieren, Marodenvisit Zahnangelegenheit

**02.04.**- ins Feldspital 508 früh 7 h

**03.04.**- 3 h mittag[s] zur Bahn mittels Wagen nach Szczerzec[182], ab 3.45 h, an Lemberg [*Lwiw*] 5 h; Baden an Zimmer 8 h abends

**04.04.**- Visit wegen Zahnbehandlung 9 h, Ausspruch des Arztes „noch Zeit, schade um die eigenen sowie [*die*] der Prothese, da kein Material vorhanden

**06.04.**- ins Spital 12.30 h zur Personalsammelstelle, Baden, Desinfizieren

**07.04.**- Marodenvisit wegen Rheumatismus, Einreibung bekommen, 7 h abends ab zum Bahnhof, 11.33 h ab

**08.04.**- Tarnopol[183] an 10 h, Menage, ab 4.30 h, in Borki[184] ab 5 h –zu [hin ?] bis Skalat abends 10 h übernachtet, auf Stationswache

**09.04.**- ab 7.30 h früh, an Satan vor 4 h, eingetheilt zur 4. Kompanie in Satanowka[185]

**11.04.**- Feldwache 4

**13.04.**- den Tag. Re. Per...visit

**15.04.**- Zuckerwache

**17.04.**- In die ukrainische Grenzstadt Satanow[*ka*] übersiedelt 8.30 hm., Mittag auf Wache[Munition]

**19.04.**- Stationswache

**20.04.**- Berichtstag

**21.04.**- Munitionswache

**23.04.**- Patrouillendienst

---

[182] Szczerzec (Ukrainisch: Щирець): Ortschaft in der Perestrov- Region des Lviv- Gebiets (Lemberg) der Ukraine

[183] Ukrainisch: Tarnopil

[184] Welyki Birky, Welyki Birky, Ukraine

[185] Gemeint ist die unten zitierte Gemeinde Satanowka, ukrainisch Sataniv

**24.04.**- den Tag
**26.04.**- Zuckerwache
**28.04.**- Bereitschaft
**30.04.**- kommandiert als Maler zum Automobilanstreichen

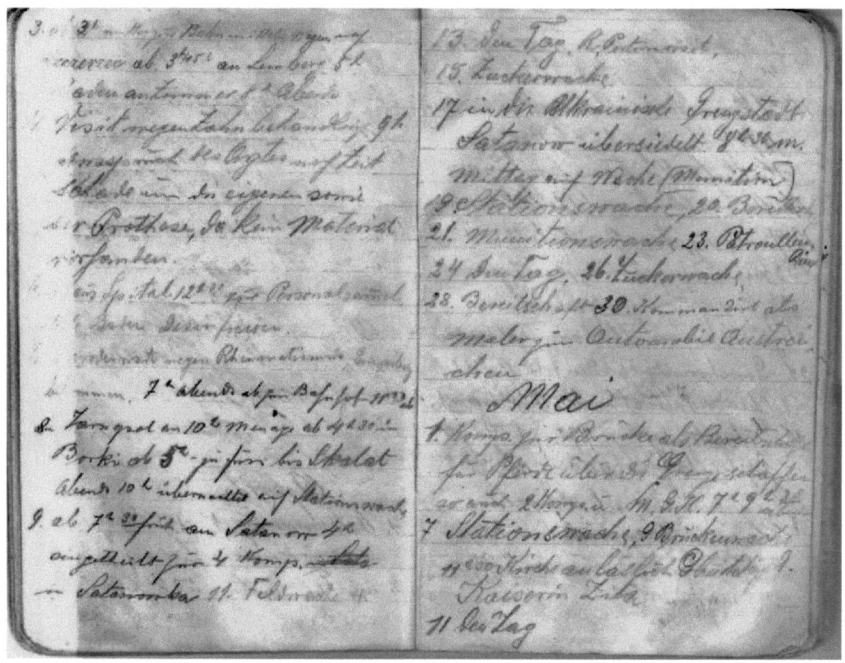

## Mai 1918

**01.05.**- Kompanie zur Brücke als Bereitschaft für Pferde über
 die Grenze schaffen, so auch 2. Kompanie u.[nd]
 M.G.K 7 h-9.30 h abends
**07.05.**- Stationswache
**09.05.**- Brückenwache, 11.30 h Kirche anlässlich G[e]burtstag
 d.[er] Kaiserin Zita
**11.05.**- den Tag

**13.05.**- 6 h früh ab, um Munition G.Kp,2.Komp.M.G.K., 2 Wagen; 4 h Nachmittag Brückenwache

**15.05.**- Ukrainische[s] Stationskommando 1874 geb. eingeben an das Baon. Zur Hinterlandstransferierung

**16.05.**- Patrouillendienst

**17.05.**- Stationswache

**19.05.**- Pfingstsonntag, strenge Bereitschaft, mit 3 Mann Telefonpatrouille 1h den Tag, 5 h Konsignierung[186] aufgehoben

**21.05.**- früh Exerzieren, 1 h Bereitschaft

**22.05.**- Gewehrvisit, Baden ½ 6 h, Befehl abends Patroullien[*dienst*], 24 Maschinengewehrstützen

**25.05.**- Geburtsjahrgänge 72, 73 und 74 zurück zum Kader, ab 2.30 h Kluwiniec[187] übernachtet

**26.05.**- Chorostkow[188] ab 9.45 h, an Tarnopol 3h, Menage Kaffe[*e*], ab 10 h abends

**27.05.**- an Lemberg 7.10 h, Kaffe[*e*], Wurst, Käse, ab [unleserlich], 1 h Kaffe, Marmelade, ab 4.45 h, an Kowel[189] 8.35h, zur Austauschsammelstelle des 4. Armeekommandos, Feldpost 340

### Juni 1918

**[23.06.]**- bis 23 06. mittags Sammelstelle Kowel gewesen, 12 h zur Krankenhaltestation II 2/2 in Kowel transferiert, Feldpost 340 zum Telefon- und Tagchargendienst kommandiert jeden anderen Tag, ausser Dienst, Aufsicht über Arbeiten früh 7 – 10.30

---

[186] Bereithalten der Truppen in den Kasernen etc. zum sofortigen Ausrücken, z. B. bei Aufruhr; in: Meyers Großes Konversations-Lexikon, Band 11. Leipzig 1907, S. 415.
[187] Gemeint wohl Klyuvyntsi
[188] Ukrainisch Chorostkiw
[189] Unsicher ob Kowel Polen oder Kowel Ukraine

h, Nachmittag 2 – 5.30 h

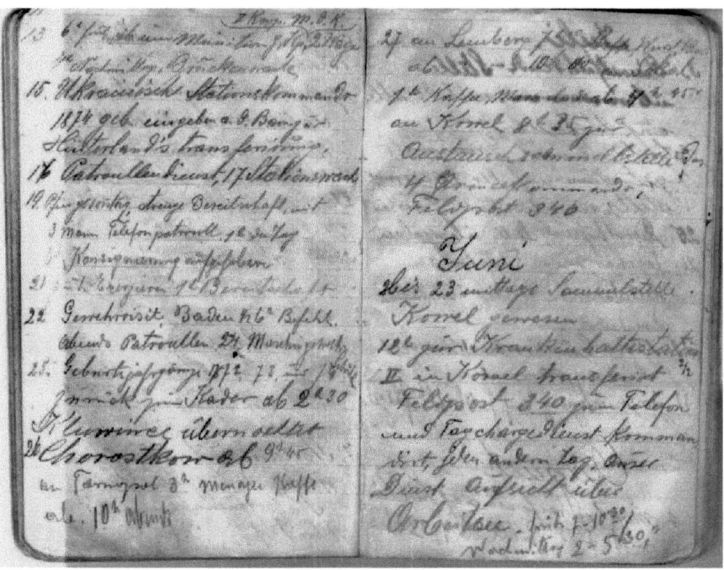

## Juli 1918

(**03.07.**- dienstführende Stelle übernommen, weil derselbe auf Urlaub)

**01.07.**- Emil Grünwald getroffen auf der Fassungsstelle, ein schwedischer Freund

**25.07.**- dienstführende Stelle übergeben

**26.07.**- Tagchargen- und Telefondienst auf Haltestation auf Bahnhof übernommen abwechselnd

**29.07.**- Böse Gürtler aus Arnsdorf hier angekommen

**31.07.**- Inspizierung durch H.[errn] *Oberstleutnant Flegel*

## August 1918

**01.08.**- Montourenfassen nach Lublin mit Inft. *Rütte* ab 11.30 h abends

**02.08.**- an Lublin 5.30 h früh, 9 h Fassen von Mont[ø]uren, ab 5 h, an Kowel 9.20 h

**12.08.**- Fotografieren mit Freund Grünwald 6 sh. 15 K.[190]

**13.08.**- Fotografieren mit Freund Grünwald, Platte extra 5 K.

**20.08.**- 0.10 h nachts ab von Kowel, an Lublin 5.30 h früh, ab Kowel[191] 4 h nachmittags auf Urlaub 14 Tage

**21.08.**- Jungbunzlau[192] übernachtet, sehr [*unleserlich*]

**22.08.**- früh 10.15 h an Haida

**23.08.**- in Zwickau Uhr geholt

[*Ende der Tagebuchaufzeichnungen*]

---

[190] Kreuzer
[191] hier einzusetzen Lublin Mladá Boleslav
[192] Mladá Boleslav

# 5 Zusammenfassung und Analyse

## 5.1 Die Stationen

### 5.1.1 Böhmen

**1914**

Am 01. Oktober 1914 „präsentiert" sich F. J. Grimmer nach Überfahrt von Eda/Schweden und kurzem Aufenthalt bei seiner Mutter in Arnsdorf Ende September in Leitmeritz. Am 02. Oktober eingeteilt zum 73. Landsturmbataillon 3. Kompanie, welche in Leitmeritz stationiert war, tritt er am 03. seinen Dienst in Leitmeritz an.

Hier vergeht „die Zeit mit Freiübungen und Märschen, natürlich in Civil, denn Militärkleider und Waffen hatten wir noch keine, also bloß mit Stecken". Gewehre bekommt die Kompanie nach der Beförderung F. J. Grimmers am 04. Oktober zum Gefreiten, Uniform und kriegsmäßige Ausrüstung mit für Mexiko hergestellten neuen Gewehren am 06. November.

Die Ausrüstung qualifiziert im Anschluss zur Bewachung eines Kriegsgefangenenlagers russischer Soldaten in Deutsch-Gabel. Einer Musterung folgt die Auflösung des Bataillons, welches aus drei Kompanien besteht, und am 27. Februar 1915 der Transport der Kriegstauglichen zum 66. und 68. Landsturmbataillon nach Kopitz bei Brüx, worunter sich f. J. Grimmer befindet. Zur Zeit der Transferierung nach Kopitz befindet sich hier ein Gefangen[en]lager mit 60.000 Mann- *„später noch mehr"*.

**1915/1916**

Die Aufzeichnungen F. J. Grimmers beginnen mit seiner Eingliederung in das Etappenbattailon im März 1915 nach Brüx zu Übungen am Gewehr, Exerzieren und Übungsmärschen in die nähere Umgebung des

Stationierungsstandortes: Brüx (Most), Straschütz, desgleichen im April 1915 mit Märschen nach Tschausch (Souš), Tschausch oder den Rösselberg bei Brüx. In diesem Monat berichtet F. Grimmer über verstärkte Magenbeschwerden, ist oft marod (krank) und bekommt zur Dämpfung der Schmerzen Opium. Mai und Juni 1915 folgen neben den gewöhnlichen Übungen und Feldwachen am Lager differenziertere Übungen in Schwarmlinien und wiederum Märsche nach Souš, Brüx und Maltheuern. Am 20. Juni besucht ihn sein Bruder Anton im Lager, wozu ihm, so seine Beschwerde, zu wenig Zeit gegönnt wird.

*AK Brüx: Teilansicht mit Schlossberg*[193]

*Rangabzeichen der österreichisch-ungarischen Armee; Korporal der k.k. Landwehr*

---

[193] Verlag Heinrich Michel, Brüx

*Gruß aus Leitmeritz: oben Kaserne des K. K. Landwehr-Infanterie-Regiments Nr.9[194]*

Im Juli 1915 absolviert er noch Übungen im Bereich Brüx (Maltheuern und Paredel), im August wird er zur Ersatzkompanie in Leitmeritz versetzt. Es wird ihm in Voraussicht auf den Fronteinsatz ein Zahnersatz von 9 Zähnen bewilligt. Nach vorbereitenden Übungen bei Theresienstadt wird seine Kompanie am 09. August 1915 mit dem Zug von Leitmeritz über Znaim-Wien-St.Pölten-Linz-Salzburg (11.09.)-

Werfen-Bischofshofen-Zillertal-Weis-Weer in das vorgesehen Lager in Wattens/Tirol verbracht.

*Weer, Unterinntal, Tirol*

---

**Tirol**

In Tirol (Wattens/Weer) ist er in den Monaten August, September und Oktober 1915 stationiert.

Terfens

Der Abmarsch an die Front beginnt am 21. Oktober 1915 mit dem Zug ab Kolsass über Saalfelden, Kolbnitz, Spital, Ungarn nach Belgrad am 25. Oktober. Am 31. Oktober wird F. Grimmer in Belgrad „zum wirklichen Korporal" befördert.

## 5.1.2 Serbien, Montenegro: (Im „Feindesland")

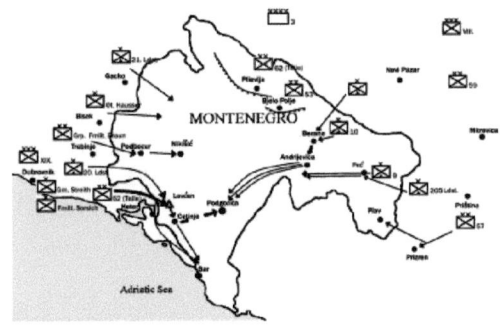

*Kämpfe der 62. Infanteriedivision: Feldzug in Montenegro*[195]

---

[195]    https://de.wikipedia.org/wiki/Feldzug_in_Montenegro    (Stand 28.07.2018)

Ab Belgrad bewegt sich die Kompanie F. J. Grimmers, die serbische Armee war geschlagen, in Märschen nach Montenegro hinein. Bezeichnend für eine auch im österreichisch-ungarischen Heer vorhandene Identifizierung mit den nationalen Phrasen ist die von F. J. Grimmer am 25.10.1915 nach Eintreffen in Belgrad eingefügte Extraüberschrift „Im Feindesland". Der Abmarsch aus Belgrad beginnt am 01. November 1915 in einer Marschkompanie, die am 12. November in Požega aufgelöst wird. Er wird in die 6. Kompanie des Landsturm-Infanterie-Regiment Nr. 409[196], welches „in Serbien aus Überresten anderer vernichteter

österreichischer Formationen" [197] zusammengestellt worden war, in der 205. Brigade (Gruppe Reinöhl) mit der Feldpostnummer 210 eingeteilt. Mit diesem Datum beginnt auch der direkte Einsatz der Kompanie an der Front gegen die Montenegriner.

*Wilhelm von Reinöhl*[198]

Die Märsche im November von Belgrad an die Front mit den Stationen Sremčice, Lazarevac, Dudovica, Moravci, Boljkovci, Gornji Milanovac, Čačak, Markovica, Požega, Nova Varoš über 245 km und weiter über Bistrica, Prijepole, Miljevići, Mijoska und Prijepole über 41 km, mangelhafte Verpflegung, das schlechte Wetter, tägliches Aufschlagen, bzw. Abbau der

---

[196] Zum Landsturminfanterieregiment Nr. 409 befinden sich Angaben im Österreichischen Staatsarchiv unter der Signatur AT-OeStA/KA VL VLI 80 Landsturmbataillone.

[197] Raab, Willi: Und neues Leben blüht aus den Ruinen. Stationen meines Lebens (Hg. Holthaus Ernst, Piper, Ernst), München 2009

[198] (14.7.1859 - 14.9.1918), 1.9.1915 (25.8.15) GM, 1.5.1918 (4.6.18) FML,in:http://www.biographien.ac.at/oebl/oebl_R/Reinoehl_Wilhelm_185 9_1918.xml

Zelte mit Übernachtungen im Zelt bei Schnee, „das Lager[n] im Walde bei hohem Schnee" ab Požega am 13. November bis zum ersten Rasttag in Nova Varoš am 20. November sowie erste Feindberührungen zeitigen in den ansonsten weiterhin akribischen Aufzeichnungen des F. J. Grimmer einige fehlerhafte Daten: statt November datiert er an einigen Tagen Oktober.

Zu dieser Zeit ist er (vgl. oben) Angehöriger der Landsturmbrigade, die zur Aufklärung gegen die

montenegrinischen Truppen unter dem General der Infanterie *Hermann Kövess von Köveshaza*, dem Korpskommandeur des 12. Korps und während der Kämpfe in Montenegro Kommandeur der 3. Armee, aufgestellt worden war. (62. ID)

*Hermann Kövess von Köveshaza*[199]

Kövess wurde Am 28. September 1915 zum Kommandanten der neu organisierten k.u.k. 3. Armee ernannt. Im Verbande der Heeresgruppe Mackensen wurde im Oktober 1915 zusammen mit der deutschen 11. Armee (Max von Gallwitz) der Angriff gegen Serbien eröffnet und Belgrad erobert. Die 3. Armee konzentrierte sich in der zweiten Angriffsphase auf die Eroberung von Montenegro. Nach Sarajevo versetzt, führte Kövess eine erfolgreiche Offensive gegen die Lovcen-Höhen in Montenegro, der die Einnahme Montenegros und eine Invasion Albaniens folgten.

---

[199] 1854-1924
https://de.wikipedia.org/wiki/Hermann_K%C3%B6vess_von_K%C3%B6vess haza (Stand 27.07.2018)

118

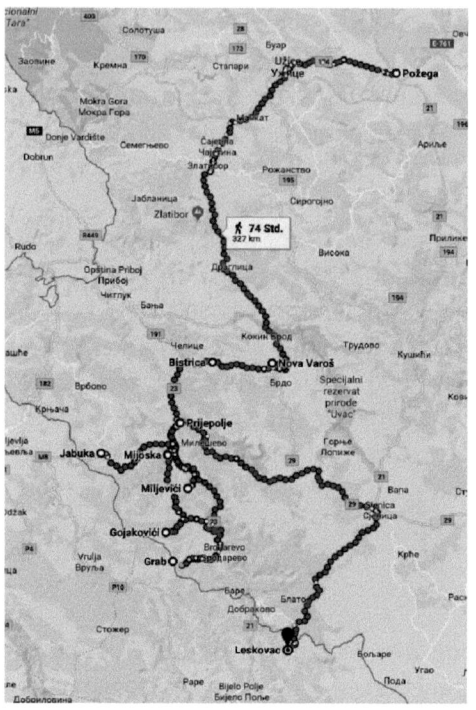

*Kämpfe in Serbien/Montenegro November 1915- Januar 1916[200]*

Nach dem Abmarsch von Požega an die Front ist die Kompanie F. J. Grimmers vom 13. November an ständig in Gefechte mit montenegrinischen Truppen verwickelt, Gefechte, die sich hauptsächlich bei Schnee im serbisch-montenegrinischen Grenzgebiet entwickeln. Nach Aufenthalt vom 13. November bis Anfang Dezember in Nova Varoš, F. J. Grimmer ist krank aufgrund der Witterungsbedingungen während der vorhergegangenen Kämpfe, einem Gefecht bei Bistrica am 04. Dezember, bewegt sich die Truppe in

---

[200] Skizze bearbeitet nach google maps

Verfolgung montenegrinischer Einheiten am oberen Lim oder Rückzuggefechten vom 05. Dezember über Miljeviči, Mijoska, Jabuka nach Prijepolje (11. Dezember). Nach dem Abmarsch am 13. Dezember von Pljevlja und einem Gefecht bei Grab (Serbien) am 15. 12. nimmt die Truppe Grimmers Gojakoviči nordwestlich Mojkovac ein. Die 205. Landsturmbrigade hatte zur selben Zeit (13.Dezember) mit Teilen der 53. ID Bijelo Polje unter Gefangennahme von 2000 meist serbischen Soldaten eingenommen.

Über Leskovac (20.12.) und Strmac (21.12.) wird am 22.12. Sokolovac erreicht, wo F. J. Grimmer neben anderen zur Belobigung eingereicht wird. Nach Ruhetagen in Sokolovac beginnen die Kämpfe, an denen F.J. Grimmer seinen Notizen nach ab 01. Januar 1916 teilnimmt, „mit Säuberungen [*von montenegrinischen Truppe*n] an der Tara". Bis zum 03. Januar erleidet die Kompanie Grimmers starke Verluste bei Gefechten im Wald, wird nach Leskovac zurückgezogen. Mit dem beginnenden Angriff der auch mit der Sicherung am oberen Lim beauftragten Gruppe Reinöhl der 62. ID am 7. Januar gegen die Höhen Majkovac[201] nimmt er mit seiner Kompanie die alte Feuerstellung ein und ist nach ständigen Gefechten und teilweisem Rückzug bis zum 13. Januar in Stellungskämpfe verwickelt.[202]

Nach Erreichen von Papajoviči [*Pape* ?] am 13.01., Aufenthalt in Prijepolje vom 16. bis 23. Januar bricht die erschöpfte und dezimierte Truppe am 23. Januar nach Čauševiči auf, von wo sie sich zum Abmarsch nach Sarajevo bereit macht.

---

[201] Vgl. Enne, Peter: Die österreichisch-ungarische Offensive gegen Montenegro 1916 unter besonderer Berücksichtigung der Operation über den Lovćen und des Zusammenbruchs der montenegrinischen Armee, Wien 2008, S.83. in:
http://othes.univie.ac.at/1798/1/2008-10-13_7702347.pdf
[202] vgl. Karten in Anlage 1916 S. 159-161.

*"Die 62. ID"*, zu der die Landsturmbrigade 205 gehörte, hatte laut Befehl des Gdl. Kövess, *„die Montenegriner nun endgültig über die Tara zu werfen und im oberen Limtale [...] zu sichern."* Die Division war *„schon am 13 Dezember [zum] Vormarsch angetreten und säuberte unter zahlreichen Gefechten mit montenegrinischen Nachhuten bis zum 16. den Taraabschnitt. [...] Ihre 205. LstBrig. nahm im Vereine mit Teilen der 53.ID. Bijelopolje, wo gegen 2000 Gefangene [...] eingebracht wurden. [...] Auf dem südlichen Taraufer widerstanden die Montenegriner den Angriffen der 62. ID und konnten erst am 24. Dezember aus den Stellungen vertrieben werden."*[203] Die Gruppe Reinöhl, der die Kompanie F. J. Grimmers angehört, bewegt sich von Nova Varoš zur Aufklärung nach Prijepolje und weiter nach Plevlja. Während der Kämpfe beim Vormarsch zeichnet sich F. Grimmer am 18. Dezember 1915 in Kämpfen beim Fluss Lepenac und bei der Erstürmung des Lovcen aus, wofür er nachträglich am 06. März 1916 *„vom Herrn General Now[v]ak das kleine Silberne II. Klasse [...] für Tapferkeit"* erhält.

*Guido Novak von Arienti*[204]

*Silberne Tapferkeitsmedaille II. Klasse*

Nach dem 22.12. hatte Grimmer schon notiert, dass „eine Eingabe zur Belobung seitens der Comp.", neben dem Baon.

---

[203] [Dezember 1915 Bd.III Österreich-Ungarns letzter Krieg, S.574/575]
[204] 1859-1928; vgl. Text im Anhang S.201

feldwebel[205] *Rönelt* und zwei weiteren Soldaten, „an den Corp.[oral] Grimmer" eingereicht worden sei.

Die 205. Brigade mit F. Grimmer und die 209. Brigade der 62. Infanteriedivision leisten den Vormarsch an die Tara und über die Tara hinaus unter *Oberst Hausser*.

Nach schweren Kämpfen im Januar 1916 in Montenegro, bei denen F. J. Grimmers Freund Sommer aus Arnsdorf durch Kopfschuss getötet wird, wird die Brigade im Februar aus der Front gelöst und marschiert nach Sarajevo (16.Februar 1916). Während des Marsches von Plevlja nach Sarajevo vom 02. bis 16. Februar bewältigt die geschwächte Brigade bei 2 Rasttagen 167 km. Die beiden Rasttage werden den Erschöpften am 13. Und 14.Februar in der Kaserne von Podromanija in der Kaserne Podroman[i]ja[206] gegönnt.

*Kaserne in Podromanija*[207]

Als die endgültige Niederlage der montenegrinischen Truppen absehbar ist, wird die 62. Infanteriedivision bis zum 3. März 1916 nach Slowenien an die Isonzofront verlegt, um dort die

---

[205] Lt. Anhang S. 189 Stabsfeldwebel

[206] Vgl. hierzu Anhang S.162; nach Grimmer Han Gromela [?]

[207] Aufnahme ca. 1897; in: Renner, Heinrich: Durch Bosnien und die Herzegowina kreuz und quer, Wanderungen, S. 284.

ausgebluteten Mannschaften der k. u. k. Armee zu verstärken. Hier löst die 62. ID die 18. Infanteriedivision ab.

---

### 5.1.3 Slowenien / Isonzo

Mit dem Zug wird die Abteilung von Sarajevo (*18.02.1916*) über Zagreb, Sisak, Karlovac und Lubljana (Laibach)- Ankunft 21. Februar- nach Slowenien transportiert. Nach Märschen und Ruhetagen in Ajdovčina (Haidenschaft) marschiert F. Grimmer am 26. Februar an die Front bei Zagora, wird dort am 27. Februar, jetzt zum Etappenbataillon Nr. 68 gehörend, mit seiner Kompanie in die Schützengräben eingegliedert, um bis in den August des Jahres an den Gefechten am Isonzo teilzunehmen. Im Mai 1916 wird er durch die dauernden Belastungen, Gefechte und mangelhafte Ernährung krank, kommt ins Spital nach Stepovac (05. Juni), wo er nur noch 59 kg wiegt. Am 15. Juni wird er entlassen, am 21. Mai vom 410. Regiment ins 409. Regiment überstellt und kommt am 22. Juni wieder an die Front.

Am 03. August stellt Grimmer einen Antrag auf Urlaub, muss aber noch bis zur Ablösung der Truppe zum 11. September aus der Front unter Geschützfeuer und Angriffen der Italiener ausharren. So nimmt er gezwungenermaßen an der 6. Isonzoschlacht teil, die vom 05. August bis zum 16. des Monats dauert. Die 62. ID (Generalmajor Novak von Arienti), als Truppe des XVI: Korps (Feldzeugmeister Wurm), die zum Teil am 17.Februar vom Balkan im Armeebereich eingetroffen war, wird der 5. Armee (Kommandant Generaloberst von Boroević) und besetzt den Frontabschnitt zwischen Mt. Santo (Avce) und Mt. Santo. [208] Die Aufzeichnungen im Juli und August 1916 werden spärlicher, geschuldet dem dauernden

---

[208] Österreich-Ungarns letzter Krieg 1914-1918. Bd. 5, Das Kriegsjahr 1916, Wien 1936, S. 13;
http://digi.landesbibliothek.at/viewer/image/AC01737446/1/LOG_0003/

Beschuss durch italienische Artillerie, Abwehrkämpfen und eigenen Angriffen der k. u. k. Truppen.

Zu dieser Zeit gehört die Kompanie F. Grimmers zum *16. Korps* unter dem Korpskommandanten, *General der Infanterie*

*Wenzel Wurm*, der die Truppe F. Grimmers in der Ruhestellung in Bate inspiziert.

Die Aufzeichnungen im Juli und August 1916 werden spärlicher, geschuldet dem dauernden Beschuss durch italienische Artillerie, Abwehrkämpfen und eigenen Angriffen der k. u. k. Truppen.

*General der Infanterie Wenzel Freiherr von Wurm*[209]

Am 11. September 1916 verlässt Franz Grimmer die Stellungen an der italienischen Front, tritt am 12. September die Heimreise mit dem Zug an und trifft, über über Rosenbach, Klagenfurth, St. Veit, Bruck und Wien am 14.September in Haida/Arnsdorf zum Antritt seines Urlaubs ein. Den Urlaub beendet er am 28. September und er gelangt über Graz (29. September) am 01. Oktober wieder an die italienische Front. (vgl. Pfeil)

Standort wird ab 02. Oktober Humarji, erster Einsatzort im Schützengraben am 03. Okt. die Stellung bei Loga. Am 18.10. nimmt die Kompanie Grimmers Stellung in Bodrež-Kanale und wird nach Marodenvisite am 10. November von Hummarji an die Front bei Morsko verlegt. Die vorderste Grabenlinie bei Morsko befindet sich, im Rücken das Bainsizza-Plateau, „ [...] am Ufer des in engem Bett vorbeirauschenden Isonzo, an

---

[209] 1859-1921, Generaloberst der österreichisch-ungarischen Armee

dessen gegenüberliegender Seite sich die Italiener eingegraben hatte[n] [...]".[210]

Am 23.12. erhält er die Silberne Tapferkeitsmedaille II. Klasse zum 2 ten[*M*]ale.[211]

Ständig dem feindlichen Beschuss im Graben durch feindliches Granatfeuer und als Feldwache Gewehrfeuer ausgesetzt, wird er bei Ruhestellung hinter der Front mit Schießübungen mit Gewehr und am Maschinengewehr beschäftigt. Im Dezember befindet er sich in der neuen Stellung am Kokenb./Vrh mit Schanzarbeiten und ständiger Grabenwache beschäftigt. Am 02.Februar 1917 wird die Kompagnie abgelöst und ab 13.Februar erneut in der Stellung Kleindorf/ Bodrež-Kanale eingesetzt. Ab 03. März 1917 wird eine neue Stellung bei Brithof [*Grgar*] in ständiger Bereitschaft und Feldwache besetzt. Am 18.03. erfolgt der Abmarsch der dezimierten Kompanie nach dem Jelinek Lager bei Bate. Von März bis Mai liegt die Kompanie F. J. Grimmers unter ständigem Beschuss durch Gewehr-, Minen- und Artilleriefeuer, so dass sich das Desertieren häuft. 2 Mann aus der 2. Kompanie desertieren, was einen 3 maligen Wechsel des Feldrufes und der Losung zur Folge hat.

Der ständige Fronteinsatz im März, April und Mai und der Zustand der Soldaten bewirken die Herauslösung aus der Front und unter ständigem feindlichen Beschuss den Abmarsch am 13. Mai in eine Kaverne in Vrh und am 14. Mai weiter in das Feldspital Podmelec. So muss Grimmer nur zwei Tage der beginnenden 10. Isonzoschlacht (12.5.-5.6.1917) in der sehr schwach besetzten Kampflinie der 205. Lst-IBrig ertragen. „Das Geschützfeuer dauerte die ganze Nacht fort, steigerte sich am 13. und wurde schließlich am 14. zum

---

[210] Raab, Willi: Und neues Leben blüht aus den Ruinen. Stationen meines Lebens (Hg. Holthaus Ernst, Piper, Ernst), München 2009, S. 70.

[211] den Notizen nach *von Teskla bekommen,* bedeutet wahrscheinlich bei Deskle

Trommelfeuer. Es bedeckte alle Stellungen und ihr Anland bis weit zurück mit bestimmter Richtung auf die Standorte der höheren Befehlsstellen. Der Schaden war groß. Vielenorts wurden die Hindernisse zerstört, die Gräben verschüttet. Auch die Verluste waren nicht gering."[212]

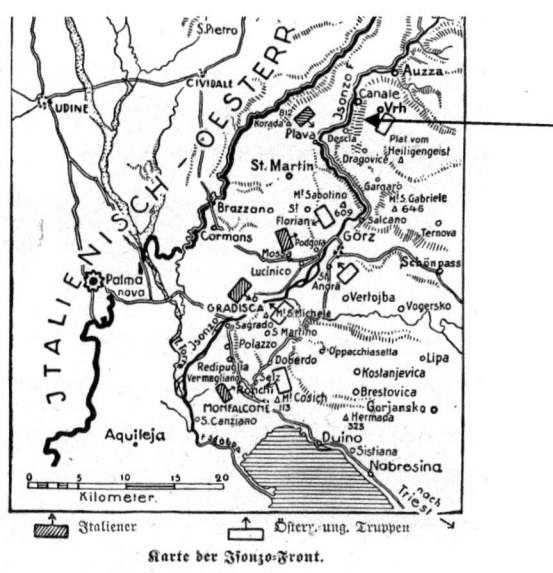

*Einsatzgebiet des Landsturmregiments 409 zu Beginn der 10. Isonzoschlacht (Pfeil)*

Das die 10. Isonzoschlacht vorbereitende Trommelfeuer der Italiener auf die Linien der Landwehr und damit auf den durch Grimmers Battailon besetzten Abschnitt hat Auswirkungen auf dessen Tagebuchnotizen: Am 08. Mai schlägt eine Granate in den Unterstand Grimmers, wobei der Korporal schwer verwundet wird und ein Infanterist einen

---

[212] Österreich-Ungarns letzter Krieg 1914-1918. Bd. 6, Das Kriegsjahr 1917, Wien 1936, S. 139-145; vgl. Anhang S.172-175.

Nervenschock erleidet. Vom 09. bis 11. Mai kommt F. J. Grimmer, sicher unter dem Eindruck des feindlichen Trommelfeuers, nicht zum Eintrag von Notizen. Die Möglichkeit, in einer der Kavernen des Gebirges Zuflucht zu suchen, ist den Notizen nach nicht gegeben. Der Einschlag einer Granate in den *Unterstand* betätigt die Aussage Raabs (vgl.oben), dass F.J.Grimmers Kompanie sich in einem Schützengraben am Rande des Bainsizza-Plateaus befindet und der Schutz erst *auf dem Wege hinunter* mit dem Erreichen einer Kaverne in Vrh gegeben ist.

*Weltkrieg 1914-1918: In Felsen eingebaute Kaverne an der Südwestfront*

*Wacht am Isonzo*[213]

---

[213] W. K. B.& Co. Wien, III, Nr. 270

Am 12. Mai ist die Zahl der Verwundeten und Toten in der Kompanie so hoch, dass die Verwundeten, unter ihnen wahrscheinlich auch Grimmer, aus den Bergen unter Beschuss und Verlusten in die Ebene gebracht werden. Eine detailreiche Schilderung der Abläufe während der beginnenden 10. Isonzoschlacht findet sich in den oben erwähnten Erinnerungen des Freiwilligen Willi Raab.[214], zu dieser Zeit noch Student der Medizin, der dem Landsturm-Infanterie- Regiment Nr. 409 am 01. April 1917 zugeteilt wird.

---

*24 September 1917:*
*Österreichisch-ungarische Soldaten auf dem Bainsizza Plateau[215] an der Isonzo Front*

---

[214] Raab, Willi: Und neues Leben blüht aus den Ruinen. Stationen meines Lebens (Hg. Holthaus Ernst, Piper, Ernst), München 2009, S. 69 ff; vgl. die Schilderung Raabs im Anhang S.174-175.
[215] Banjšize

*Gewehr Stellungen am Bainsizza Plateau. 7.9.17.* [216]

Nach Untersuchungen im Spital Podmelec, Grimmer ist wohl verwundet, jedoch nicht schwer, wird er per Bahn Ende Mai über Lubljana und Wiener Neustadt in ein Sanatorium nach Kornneuburg (28. Mai) verlegt, wo er sich auch an der Pflege der Schwerverwundeten beteiligt. Juni 16 verbringt er mit Möglichkeit von Besuchen in Haida/Arnsdorf im Spital in Kornneuburg und erhält auf sein Gesuch hin die Möglichkeit, über Leitmeritz (04. Juli 1917) in das Heimatspital in Klein Semmering[217], die Villa Seibt überführt zu werden.

*Malý Semerink (Klein Semmering)*
*Die ehemalige Sommerfrische Klein-*
*Semmering am Bahnhof Chřibská*
*(Kreibitz).*
*Foto: Jiří Kühn.* [218]

---

[216] Wikimedia Commons
[217] Malý Semerink (Klein Semmering); vgl. Text im Anhang
[218]    http://www.luzicke-hory.cz/mista/index.php?pg=zmmsemd    (Stand 02.09. 2018)

In Malý Semerink (Klein Semmering) - früher eine weitbekannte, in den Wäldern am heutigen Bahhof Chřibská (Kreibitz), etwa 2 km nordöstlich von Horní Chřibská (Ober Kreibitz) liegende Sommerfrische - hält sich F. J. Grimmer im Juli und August 1917 auf. Von hier aus hat er auch die Möglichkeit, am 02.09. in Neuschenken[219] die Tochter Maria zu besuchen.

Hierzu notiert er sich neben der täglichen Chronologie Abfahrt- und Ankunftzeiten nach Haida. Auch zu einem Entwurf zur Hochzeit eines Majors im Namen der Kameraden aus dem Spital hat er nun Zeit. [220]

Am 08.09.wird er ins Reservespital in Leitmeritz überführt, wo er sich am 19.09. mit seiner Frau treffen kann.

Am 25.09. kommt er vom Spital zum Kader Ldst. [Landsturm] I/9 in Steinenkrug. Am 26. als tauglich befunden, wird er am 27.09 in Auscha[221] zum Schützenregiment Nr. 9, 3. Ersatzkompanie überstellt, wo er im Oktober und November bei Rekrutenausbildung, deren Exerzierübungen und Übungsmärschen Verwendung findet und von wo er auch Freigang zur Beerdigung der Mutter am 05.10 in Arnsdorf bekommt. Am 30.Dezember wird er zur 36. Marschkompanie 4/75 eingeteilt und zur 3. Kompanie transferiert.

Die ersten Tage des Januar 1918 (bis 08.01.) befindet sich Grimmer in Auscha, mit Exerzieren und Schießübungen beschäftigt. Am 09.01. geht es an die Süd-West-Front am Isonzo über Kolin, Iglau, Gröschelmauth, Znaim, Wien, Matzelsdorf, Bruck an der Mur, Pragersko (Slowenien) Sežana, Opicina nach Udine, am 17.01. in Marschformation über Puttrio nach Chiasottis, dem Zielort.

---

[219]Bösig- Neuschänke; Arnsdorf-Neuschänke 55,3km)

[220] Vgl. Anhang S.170.

[221] Jetzt Úštěk: Auscha ist ein Zentrum des Hopfenanbaus und war ein Zentrum des böhmischen Hopfenhandels. Durch die Stadt führte die Ärarialstraße von Leitmeritz nach Böhmisch Leipa.

In Chiasottis wird die Truppe bis zum 15. Februar mit dem Ausheben von Schützengräben, Exerzieren und Schießübungen beschäftigt. Zu dem 7,2 km entfernten Pozzuolo del Friuli fertigt Grimmer eine sich auf der letzten Seite des Tagebuchs 1918 befindliche Handskizze an.

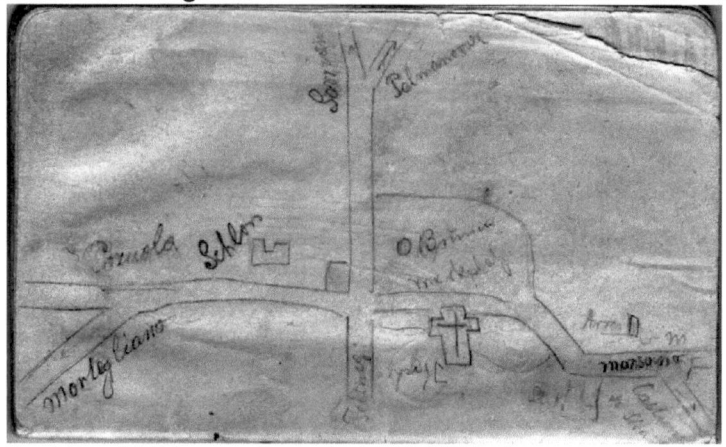

*Handskizze F.J.Grimmers: Pozzuolo del Friuli (Udine)*

---

### 5.1.4 Ukraine

Am 16.02. erfolgt die Einwaggonierung in Risano und der Transport an die Ostfront über Udine, Lubljana, Čakovec im Norden Kroatiens, Nagykanizsa (Ungarn), Budapest, Przemysl (Galizien) bis zum Auswaggonieren am 22. 02. in Lemberg (Lwiw Ukraine). Am 23.02., nach Übernachtung in einer Baracke in Rosenberg [*Schtschyrez*], marschiert die Truppe am 27.02. nach Siemianówka. Dort Aufenthalt bis 07. April. Am 07. April wird Grimmer über Tarnopol, Borki [*Welyki Birky*], Ternopil, (Ukraine) und Skalat in die ukrainische Grenzstadt Satanov (ukrainisch Sataniv) verlegt. Hier versieht er gößtenteils Patrouillendienste, ist als Bereitschaft eingesetzt, als Wache für Munitionsdepots und Warenlager („Zuckerwache" 26.04.) und wird, von ihm wohl negativ eingeschätzt, am 30.04. „als Maler zum Automobilanstreichen" kommandiert. Ab 01. bis 24. Mai ist Grimmer neben Patrouillendienst und Stationswache meist als Brückenwache an der Grenze zum unbesetzten ukrainischen Gebiet eingesetzt, wo auch Pferdetransport überwacht wird. Hierzu gehört wohl auch die Notiz Grimmers zum Beschlagen von Pferden und deren Haltern.[222] Am 25. Mai gehört er zu den Geburtsjahrgängen 1872-74, die entlassen werden sollen, und meldet sich am 27.05. nach Transport über Kluwiniec (Klyuvyntsi), Chorostkiw und Tarnopol bei der Austauschsammelstelle des 4. Armeekommandos in Kowel. Die sehr kurze Eintragung zum Juni 1918 informiert über seine Anwesenheit in Kowel bis zum 23. des Monats und seine dortige Beschäftigung in der „Krankenhaltestation" und beim Telefon- und Tagchargendienst. Hinsichtlich des Telefondienstes macht sich Grimmer als Gedächtnisstütze auch Notizen.[223]

*Alte Festung in Sataniv*[224]

---

[222] Vgl. Anhang S.182.
[223] A.a.O.
[224] https://en.wikipedia.org/wiki/Sataniv

## 5.2 Die Front

Neben dem unten zu behandelnden direkten Kampfeinsatz an der Front ist F. J. Grimmer in den Jahren seiner Teilnahme am 1. Weltkrieg größtenteils mit diversen Wachaufgaben beschäftigt: unter Beschuss als Feldwache[225], beim Marsch als Kantonierungswache[226] oder im Hinterland als Wache für Depots.

*Auf der Feldwache bei der 8. Kompanie des Landsturminfanterieregimentes, 1.Juni.1916[227]*

Die einzige ausführlichere Aufzeichnung zu einem Gefecht während des Feldzugs in Montenegro dokumentiert durch das Durcheinander der Aufzeichnung vom 7. Januar 1916 den Eindruck, den die Ereignisse auf Grimmer gemacht hatten:
"Rückzug, dann Verstärkung der 5. Kompanie ungefähr ein Schwarm, Gradac 2236 m hoch, der Gefangennahme sehr nahe, bloß durch meine Gegenwärtigkeit entgangen, linke Flankendeckung kommen Komitatschi[228] von links, als ich mit der Meldung kam, um meinen Schwarm entgegenzustellen, war die Kompanie zurückgezogen und die Stellung von Montenegrinern besetzt; der I. Zug hat den Rückzug gedeckt, dadurch mich mit mir selbst von der Gefangennahme entgangen, dadurch dass ich noch zurück war und sie

---

[225] Vgl. Text Anhang V, S.199
[226] Vgl. Text Anhang V, S.200
[227] ÖNB;http://www.bildarchivaustria.at/Pages/ImageDetail.aspx?p_iBildID =15541897
[228] Freischärler, Partisanen

verständigen konnte, dass sie nicht von hinten angegriffen wurden." Die von F. J. Grimmer getätigten Aufzeichnungen von der Front am Isonzo werden durch einen Bericht des im Frühjahr 1916 als Generalstabsoffizier bei der 4. Gebirgsbrigade im Brückenkopf Görz eingesetzten Prinzen Windischgraetz[229] bestätigt.

Seinen Bericht vom 24.03.1916 „Ich als Generalstabsoffizier der Brigade sollte bei Oberst Petzold die Aktion [...] leiten. [...] Da kam ein Feuerüberfall der Italiener auf unsere vorderen Höhen. Ich hatte schon schweres Artilleriefeuer mitgemacht- diese Feuerkaskade war mir neu-zirka alle 5 Sekunden eine schwere Granate auf nicht mehr als 25 Meter Raum.-Nach einer halben Stunde war ich fertig.- Neben mir die Mannschaft ganz munter, als ob es ein Erbsenknallen wäre[...]" ergänzt er zum 26.03. mit der Bemerkung: „Ich habe heute alle meine Dekorationsbänder von der Uniform abgetrennt. Hier trägt niemand eine Auszeichnung [...]".[230]

Am 14.April: „Es ist dieses ganze Terrain ein unglaubliches Gemenge von Kot, Hindernisteilen und Waffen und voll von Leichen aus den letzten Schlachten. Wieviel Tausende von Menschen sind hier verschwunden, ohne eine Spur zu hinterlassen [...]" Am 06. Mai 1916 berichtet dieser, dass „ heute vormittag [...] Korpskommandant Wurm in den Schützengräben auf der Podgora [war]. Gespräch mit Oberstleutnant P., der für die Zukunft den Parlamentarismus einschränken will. Weltanschauung vom Dienstreglement aus."[231]

---

[229] Windischgraetz, Ludwig Prinz: Vom Roten zum Schwarzen Prinzen. Mein Kampf gegen das K. U. K. System,Berlin-Wien 1920
[230] A.a.O. S.115-116.
[231] A.a.O, S.117.

## 5.3 Kriegshandwerk und Obrigkeit

Die Namensgebung in der Familie Grimmer für den Sohn mit *Franz Josef* lässt darauf schließen, dass auch in dieser Familie wie im übrigen Teil des äußersten nördlichsten Zipfels der österreichisch-ungarischen Monarchie bei der deutschsprachigen Bevölkerungsgruppe eine durchaus starke emotionale Bindung zu dem, den Vielvölkerstaat einigenden Herrscherhaus bestand.

Auch bei Franz Joseph Grimmer, der seine Wehrpflicht beim Infanterie-Regiment Nr.42 in Böhmen erfüllt hatte, bevor er in Schweden die Beschäftigung als Glasmaler aufnahm, besteht sicherlich auch ein grundsätzliches Einverständnis mit diesem Staat. Hierfür spricht auch die Erfüllung des Gestellungsbefehls durch die Gesandschaft, der er sich durchaus in Schweden hätte entziehen können.

Eine besondere Begeisterung F. J. Grimmers hinsichtlich seines Einsatzes in der k. u. k. Armee ist in den Notizen nicht festzustellen. Seine Notizen zu Paraden anlässlich von Geburtstagen, Sterbegedächtnissen des Herrscherhauses und der Krönung sind sicher der Vollständigkeit der Notizen geschuldet. Lediglich seine Notiz über die Erfolge des ersten Kriegsjahres lässt auf eine Identifizierung mit den Heeren der Mittelmächte schließen.[232] In der nach dem Krieg verfassten Niederschrift eines Tagebuchs „Mein Tagebuch" werden an einigen Stellen im Gegensatz zu den täglichen, die Realität widergebenden Notizen Aussagen, die das Bild eines das Vaterland schützenden Soldaten trüben könnten, geglättet oder weggelassen. Andererseits wird der Kriegserfolg sprachlich erhöht, indem z.B. die Rede des Majors über die Einnahme Lembergs vom 26.06.1915 zu einer „großartigen" Rede wird. In ähnlicher Weise ist seine Notiz zu seinem Verhalten gegenüber den von ihm als russische Spione

---

[232] Vgl. Anhang S. 150

vermuteten Reisegefährten auf dem Weg zur Gestellung in Böhmen zu interpretieren *„So hielt ich mich sehr kriegsfeindlich trotz innerer Begeisterung"* in „Mein Tagebuch". Diese „innere Begeisterung" ist nach den Erlebnissen F. J. Grimmers im Krieg einer Verdrängung im Dienste einer nachträglichen Argumentation für die sicher von ihm erkannte Sinnlosigkeit des Handelns geschuldet. F. J. Grimmers Stolz auf seine Treffsicherheit beim Schießen im März 1918 während der Stationierung in der Ukraine gehört eher zur Stärkung seines Selbstbewusstseins. Pflichtbewusstsein in der Ausübung des ihm sicher schwer fallenden „Soldatentuns" ist ein F. J. Grimmer prägender Charakterzug. Lediglich einmal verletzt er die Regel, indem er am „24.06.1917- zum Rapport wegen Überschreiten des Urlaubes" antreten muss, was ihm „1 Tag Einzelarrest" einbringt, der „durch Bitten in strengen Verweis [umgesetzt]" wird. Gedanken über Wesen des Krieges und seine Folgen macht sich F. J. Grimmer eventuell schon während seines Einsatzes, formuliert sie oder kann sie erst in „Mein Tagebuch" nach dem Krieg formulieren. Nach Ausbildung in Böhmen und Tirol und Transport nach Serbien beeindruckt ihn das zerstörte und Plünderungen preisgegebene Belgrad, welches *„einen schauerlichen Anblick [bot], von dessen Zerstörung wir noch keinen Begriff hatten."* Das Verhältnis F. J. Grimmers zu Vorgesetzten und deren Entscheidungen bzw. Verhalten gegenüber den Untergebenen ist durchaus ambivalent. Grundsätzliche Kritik an strategischen oder taktischen Entscheidungen der Heeresleitung findet sich an keiner Stelle der Aufzeichnungen. Hingegen werden Belobigungen und Auszeichnungen zum eigenen tapferen Verhalten oder dem der Gruppe positiv vermerkt, wenn z. B. am 26.04.1916 „Divisionsgeneral Novak das Bataillon zur Befriedigung [besichtigt]" und „Dekorierte[n] [...] die Hand [drückt]". Auch das Essen mit dem Leutnant am 19.12.1916, nachdem er die Silberne Tapferkeitsmedaille II. Klasse zuerkannt bekommen hat und mit dem er einen Patrouillengang in die neue Stellung am Kokenberg/Vrh unternimmt veranlasst ihn zu einer Notiz im Tagebuch. Andererseits irritiert ihn der raue Ton von Vorgesetzten, der wenig Empathie mit der eigenen Truppe oder dem Gegner zeigt. Vor dem Abmarsch in die Stellungen bei Zagora an der Isonzofront notiert er die Ansprache des Kompaniekommandanten Pavelek: „Wir werden in 2-3 Tagen an die Front gehen. So krepiert alles, auch wir Offiziere. Da gibt es kein Zurück. Was in die Laufgräben kommt, erschieße ich wie einen Hund. Habe schon viele hingerichtet." Ebenso erstaunt ihn im August 1915 die ablehnende Äußerung eines Adjutanten Goldberg II/68. Etappenbataillon aus Wernsdorf hinsichtlich der Anfrage eines Soldaten, der um Urlaub zum Begräbnis seiner Mutter bittet: „Sie können sie ja so nicht mehr lebendig machen (im Dialekt)".[233] Hier stört ihn nicht nur die Ablehnung, sondern auch die Tatsache, dass ein Vorgesetzter seiner Meinung nach nicht das dem Rang gerechte Hochdeutsch benutzt.

Hierzu gehört ebenso, auch wenn es sich nicht um einen Vorgesetzten in der militärischen Hierarchie handelt, die Behandlung am 23. Juni durch den Oberarzt Dr. Rosz des ungarischen Wachbataillons, der, indem dieser *nach einmaligem Riechen ins Maul mit gleichzeitigem Ausdrücken des −A-, wie man es bei Sängerstimmen der Dirigent, um die Stimme rauszukriegen, macht* ihn *trotz Schmerzen für diensttauglich* befindet. Der Feldwebel befreit ihn aus dem Dilemma, indem er ihn vom Dienst befreit, was F. J. Grimmer *sehr lieb war, denn ich[er sei] wirklich krank* [gewesen].

---

[233] Eintrag 1915-1916, S. 8/9 handschr. unten; ebenso eigenes Tagebuch

## 5.4 Verpflegung und Krankheit

Die erste Notiz zur Versorgung macht F. J. Grimmer im Juni 1915 in der Garnison Leitmeritz zu Brotkarten: „eine Brotkarte 35 g Brot oder 20 g Mehl, oder 1 Semmel; a Person 9 Karten". Diese präzisen Schilderungen zur Verpflegung, sei es in der Kaserne, auf dem Marsch oder an der Front, durchziehen mehr oder weniger die gesamten Aufzeichnungen von 1915 bis 1918.

Die ungewohnte, weil nicht genügende Nahrung führt zur Notiz am 24.04. „marod wegen Magen", was zum Dauerzustand wird, ihn zum Arztbesuch zwingt (30.04.1915) und im Juni (21.06.) wiederum zum Eintrag „marod geworden, Magenschmerzen, furchtbares Schneiden im Darm und Unterleib verbunden mit Brechreiz" führt. Ihm wird jedoch am 22.06 „Dienstfähigkeit trotz Magenschmerzen". bescheinigt. Ende August (30.-31.08.) muss er wg. der Beschwerden liegen und ist vom Dienst befreit. Die Fahrt nach Tirol zu den letzten Vorbereitungen für den Fronteinsatz bringen hinsichtlich der Ernährungslage Entspannung, so dass F. J. Grimmer akribisch Zeitpunkt und Speisenfolge notiert: in Znaim am 09. September zum „Frühstück Wurst, Tee". In Wien gibt es als Menage „Würstl mit Sauce und Kartoffeln, 1 Bier, Suppe", in St. Pölten als „Nachtmahl Kaffee, Käse" und am 11. September „11.45 h: Menage: Graupengrießsuppe mit Rindfleisch in Würfeln". Ähnliche Notizen zur Verpflegung und Speisefolge lassen sich in gleicher Genauigkeit in allen Tagebüchern verfolgen.

An der Front (November) macht sich in den Notizen F. J. Grimmers die schlechte Versorgungslage der k. und k.-Truppen bemerkbar. Am 24 November ist er „marod" und hat „nichts zu essen bekommen beim Kaffe[e]". Bis Ende November fühlt er sich so krank, dass er am 30. 11. zur Krankenvisite notiert: Die Krankheit wird „nicht mehr anerkannt trotzdem nach 6 Tagen nichts Essen und viel Müdigkeit nicht mal dienstfrei für einige Tage bekommen, sondern gleich Exerzieren bis 10 h früh [...], eine ganze Portion Brot nach 17 Tagen, bitter Kaffee, wenig Tabak, überhaupt Verpflegung bis heute sehr schlecht".

So muss er sich am 02.12.2015 nach Exerzieren und Feldwache in Botore (?) ohne Kaffe und Aufbesserung (?) auf eigene Kosten selbst verpflegen und notiert:"ein Kalb gegessen für 10 Kronen". Die Engpässe und Mängel in der Versorgung der Truppen führen dazu, dass F. J. Grimmer und die gesamte Truppe in regelmäßigen Abständen an Diarrhoe leiden, was ihn anregt, eine Notiz zur Behandlung der Diarrhoe bei Schweinen „1 Ei ins Futter [Eichenrinde gekocht oder gerieben ins Futter]" im Tagebuch einzufügen, u.U. eine Anregung zur Selbsthilfe.

Besonders enttäuschend für ihn im Jahr 1916 ist z. B., dass nach Abmarsch aus der Stellung Morsko, seinem Aufenthalt im Lazarett (Bate, Čepovan) Ende Mai und der Entlassung aus dem Lazarett Čepovan am 05. Juni 1916 die Verpflegung beim Regimentsstab am 16.06. „kein Fleisch, kein Brot" beinhaltet.

Zusammenfassend lässt sich sagen, dass ausführliche Notizen ohne kritische Einstellung zur Verpflegungslage in Ruhepausen hinter der Front, bei Verlegung per Bahn an die unterschiedlichen Frontabschnitte gemacht werden, in Situationen also, in denen F. J. Grimmer nicht der täglichen Belastung durch die Grabenkämpfe oder das Trommelfeuer an der Isonzofront ausgesetzt ist. Die Verpflegung während der Fahrt in Richtung Front regen ihn nochmals an, genaue Aufzeichnungen über die Speisefolge zu notieren: am 23. Oktober „abends Menage: Suppe mit Fleisch und Kaffee", am 24. Oktober „Kaffee, Käse, Brot, 10.15 h Kaffee und Speck". Letztendlich macht sich jedoch Enttäuschung bei ihm bemerkbar, wenn er zum Tag notiert: „Kaffee; ganzen Tag heute keine Menage."

*Menageverteilung a.d.Isonzofront.6.9.17.*[234]

## 5.5 Das Heer im Vielvölkerstaat der k. u. k.-Monarchie

Diskrepanzen zwischen den im Heer des Vielvölkerstaates dienenden unterschiedlichen Ethnien aus unterschiedlichen Sprachfamilien und unterschiedlichem Herrschaftsanspruch lassen sich an einigen Stellen der Aufzeichnungen F. J. Grimmers aufzeigen. Sein Verhältnis zu den in seinem Zug, Schwarm, Bataillon und Regiment dienenden Soldaten čechischer Nationalität[235] ist aufgrund seiner Erfahrung im Zusammenleben mit Angehörigen dieser Nationalität in seinem Heimatort in Böhmen vor dem Krieg unbelastet und erfährt an keiner Stelle der Notizen eine Trübung. Hingegen, sei es auch aus persönlicher Aversion und Überbewertung der im Folgenden zitierten Vorfälle, werden die involvierten Angehörigen ungarischer Nationalität schon durch die Betonung ihrer Zugehörigkeit in ihren Handlungen durchaus

---

[234] K.u.k. Kriegspressequartier, Lichtbildstelle - Wien ÖNB
[235] Vgl. Namenslisten im Anhang (Notizbuch)

kritisch gesehen: Am 23.Juni 1915 schreibt ihn *„der neu angekommene[...] Oberarzt Dr. Rosz (Ungar) beim Ungarischen Landsturm [...], indem dieser nach einmaligem Riechen ins Maul mit gleichzeitigem Ausdrücken des –A-, wie man es bei Sängerstimmen der Dirigent, um die Stimme rauszukriegen, macht, trotz Schmerzen [...] diensttauglich"*. Ebenfalls ein Ungar ist es, *„ein Herr Feldwebel, ein Ungar"*, der, nachdem F. J. Grimmers Schwarm verschlafen und sich Kaffee kochen wollte, durch seine Handlungen negativ auffällt: *„Doch ein Herr Feldwebel, ein Ungar, ließ dies nicht zu. Er schlug die Menageschalen um und löschte das Feuer aus und schlug mit seiner Reitpeitsche auf meine Mannschaft ein trotz meiner Vorstellungen."*

## 5.6 Familie

Verstreut finden sich in den Tagebüchern Notizen zu Treffen mit Familienmitgliedern, die nicht im Zusammenhang mit den ihm gewährten Fronturlauben stehen. So bekommt er 1915 zum Begräbnis der Frau seines Bruders aus der Kaserne in Brüx vom 27. März von 12 h bis zum 28. 10 h vormittags eine Beurlaubung nach Kosten, dem Wohnsitz des Bruders. Während des Aufenthalts im Lazarett in Klein Semmering in den Monaten Juli/August 1917 hat er auch die Möglichkeit, seine Frau und die Kinder in Arnsdorf zu besuchen. So ist er am 16., 24. Juli in Arnsdorf, ist am 01. August „[nach Hause] gefahren, abends zurück". Am 20. August trifft er die Tochter Maria in Arnsdorf und besucht diese am 02. September in Neuschenken. Am 19. September besucht ihn seine Frau in Leitmeritz, am 05. Oktober erhält er Ausgang zur Beerdigung seiner Mutter. Weiterhin notiert er 1917, dass er am 04.November nachmittags nach Leipa Ausgang bekommt,

„wo Maria und Lisbeth dort waren". Mit Beginn der erneuten Gestellung in Auscha im Herbst bieten sich ihm erneut Möglichkeiten, die Familie in Arnsdorf zu besuchen, eine Strecke von 36 km, die er auch zu Fuß bewältigt. Der durch eintöniges dauerndes Exerzieren geprägte Aufenthalt in Auscha schlägt sich auch durch Abkürzungen der Übungen im Tagebuch wie „*Exerz.*" nieder. Nicht den Kriegsdienst betreffende Notizen (vgl. auch Anhang) werden von F. J. Grimmer auch im Zusammenhang mit Schweden gemacht. Ob die unten angeführtem Aufzeichnungen zu Reisekosten nach/von einer Reise nach Schweden die Kosten der Reise seiner Frau, die er in Arnsdorf treffen konnte, von Eda in Schweden betreffen oder die Auflistung für die Erstattung seiner Reisediäten in *Götenborg, wo ich auch meine Order und Marsch- und Reisediäten erhielt,* ist nicht bekannt.

**Reise von/nach Schweden**[236] Förskott for Resom [*Voraus für die Reise*] 100 K; Af Augusti [*von August*] 15 K; Af September 15 K

| | |
|---|---|
| Ab Bodenbach Berlin | 10 Kronen |
| Berlin Droschke | 2,50 Kronen |
| Berlin-Saßnitz | 11 Kronen |
| Saßnitz-Trälleborg | 7,20 Kronen |
| Trälleborg-Gothenburg | 11 Kronen |
| Gotenburg-Charlottenburg | 10 Kronen |
| Charlottenburg- Eda | 3 Kronen |
| | **74 Kronen 70 Heller** |

---

[236] S. II Seitenangabe oben

# 6 Anhang I Zugehörigkeit F. J. Grimmers zu Verbänden der Armee und Personal

**Ausbildung im k.u.k. Infanterieregiment „Ernst August Herzog von Cumberland, Herzog zu Braunschweig und Lüneburg" Nr. 42**[237]

Errichtet: 1685; IX. Armeekorps, 29. Infanterietruppendivision
Ethnische Zusammensetzung: 86 % Deutsche – 14 % sonstige
Regimentssprache: deutsch
Ergänzungsbezirkskommando,                    Ersatzbataillonskader:
Theresienstadt
Garnison: Stab, II., III. Baon: Theresienstadt – I. Baon: Kaaden
– IV. Baon: Nevesinje
**Kommandant**: Oberst Carl Wöllner
**Stabsoffiziere**:
Oberstleutnants: Michael Rustler, Edmund Scholze, Maximilian Freiherr v. Rast, Maximilian Itz Edler v. Mildenstein; Majore: Karl v. Kurz zum Thurm, Heinrich Freiherr v. Rossbacher, Heinrich Freiherr v. Argmann, Ludwig Ritter v. Henning
Deutsche Uniform – Egalisierungsfarbe: orangegelb – Knöpfe: weiß

**Kompanieführer des F. Grimmer:**
20. Juni 1915: Döbler Hauptmann
24. Februar 1916: Kompaniekommandanten Pavelek
03. März 1916 – *Oberleutnant Blaschek*
31.08. 1916 – Oberleutnant Merker

---

[237]https://de.wikipedia.org/wiki/Liste_der_k.u.k._Kampftruppen_im_Juli_1 914#Nr._41%E2%80%9350

### [k.k. Landwehr Infanterie Regiment „Jičin" Nr. 11

51. Landwehr Infanteriebrigade – 26. Landwehr Infanterie Truppendivision – Landwehrkommando in Leitmeritz
Errichtet: 1889: Garnison: Jičín - III. Baon in Jaroměř
Nationalitäten: 63 % Tschechen, 36 % Deutsche, 1 % Andere
Landwehr-Ergänzungsbezirk: Jičin und Königgrätz
Kommandant: Oberst Emil Stangl
Stabsoffiziere: Oberst Ignaz Bezděk - Oberstleutnants Josef Basler, **Karl Petzold**, Franz Rutta und Edgar Gautsch von Frankenborn. Major Rudolf Hug]

## 62. Infanteriedivision[238]

### 62. Infanterie-Division

**Kommandanten:** Anfang bis Mitte Juli 1915 FML. Rudolf S t ö g e r - S t e i n e r Edl. v. Steinstätten.
Ende Juli bis Anfang Okt. 1915 GM. Eduard T u n k.
Anfang Okt. 1915 bis Ende Febr. 1916 FML. Franz K a l s e r Edl. v. Maasfeld.
Ende Febr. 1916 bis Mitte Juni 1917 GM. Guido N o v a k v. Arienti.
Mitte Juni 1917 bis Kriegsende GM. (FML.) Adolf B r u n s w i k de Korompa.

**Generalstabschefs:** Anfang Juli 1915 bis Anfang Juni 1916 Obstlt. Ladislaus R á s k y.
Anfang Juni 1916 bis Mitte Februar 1917 Mjr. Karl T a r b u k v. Sensenhorst.
Mitte Febr. bis Mitte April 1917 Obstlt. Eugen T i n z.
Mitte April 1917 bis Ende März 1918 Mjr. Alfred Levnaić-Iwański v. Iwanina.
Ende März 1918 bis Kriegsende Obstlt. Adolf K e i n e r t.

**Kriegsgliederung und Einteilung:** Umbenennung aus „Gruppe Stöger-Steiner" Juli 1915, **II**, 591, 707; **III**, 16, 29, 51, 75, 85, 112, 114, 140; Auflösung Okt. 1915, **III**, 158; Neuaufstellung Okt. 1915, **III**, 191, 192, 198, 283, 574, 598; **IV**, 33, 42, 168, 184, Blg. 2, 5 und 13; **V**, 31, 93, Blg. 7, 12; **VI**, 136, 158, 342, 354, 371, 372, 374, 390, Blg. 6, 24, Blg. 13, 6; **VII**, 148, 536, 537, Blg. 3, 12, Blg. 11, 8, Blg. 32, 27.

**Mitgemachte Kriegsereignisse:** Zweite Schlacht bei Kraśnik 1. bis 10. Juli 1915, **II**, 591, 598, 603, 608; Einnahme von Lublin 29. Juli bis 1. Aug. 1915, **II**, 648, 649; Kampfe zwischen Weichsel und Bug 2. bis 4. Aug. 1915, **II**, 658; Schlacht bei Lubartów 5. bis 8. Aug. 1915, **II**, 674, 676; Kampf um die Ostrówstellung 8. bis 11. Aug. 1915, **II**, 680; Verschiebung zur 1. Armee 10. bis 16. Aug. 1915, **II**, 701, 703; Vorstoß über Kowel 19. bis 26. Aug. 1915, **II**, 704, 705, 707. — Offensive in Wolhynien 26. Aug. bis 13. Sept. 1915, **III**, 51, 63, 75, 78, 79, 81, 85, 112 bis 121; Gegenoffensive der Russen auf Luck 13. bis 24. Sept. 1915, **III**, 134 bis 140, 144, 145, 146; Zweite Offensive gegen Rowno 23. bis 28. Sept. 1915, **III**, 156, 158; Aufmarsch gegen Serbien 29. Sept. bis 5. Okt. 1915, **III**, 198, 199, 201, 202, 204; Drinaübergang 8. Okt. 1915, **III**, 217; Vorstoß gegen Mittelserbien 18. Okt. bis 6. Nov. 1915, **III**, 237, 238, 242, 243, 244, 253, 256, 261, 270, 273, 277, 279; Kämpfe südlich der Morava 6. bis 24. Nov. 1915, **III**, 283, 295, 296, 305; Vorstoß nach Plevlje 30. Nov. bis 2. Dez. 1915, **III**, 327, 329, 330, 331, 332; Vormarsch an die Tara 7. bis 24. Dez. 1915, **III**, 574, 575. — Eroberung von Montenegro Ende Dez. 1915 bis Ende Jänner 1916, **IV**, 33, 34, 36, 38, 39, 40, 42, 54, 55; Verschiebung an die Isonzofront Febr. 1916, **IV**, 57, 63, 168, 184. — Sechste Isonzoschlacht 4. bis 16. Aug. 1916, **V**, 40, 45, 52, 67, 77, 78, 81, 84, 86, 91, 92, 93, 97, 98. — Zehnte Isonzoschlacht 12. Mai bis 5. Juni 1917, **VI**, 136, 138, 141, 143, 158; Verschiebung nach Rumänien Juni 1917, **VI**, 175, 216, 342, 435; Russisch-rumänische Sommeroffensive Ende Juli 1917, **VI**, 354; Gegenoffensive der Mittelmächte 6. Aug. bis Anfang Sept. 1917, **VI**, 368 bis 374; Kämpfe um die Zugänge in die westliche Moldau 14. bis 22. Aug. 1917, **VI**, 384, 387, 390. — Gefechtshandlungen der 62. ID. werden im VII. Bande nicht geschildert.

---

[238] Österreich-Ungarns letzter Krieg 1914-1918. Registerband, Wien 1938, S. 237-23

## K. k. Landsturm-Infanterie-Brigade (Gruppe Reinöhl)[239]

K. k. 205. Landsturm-Infanterie-Brigade

**Kommandanten:** Mai 1915 bis Anfang Okt. 1916 GM. Wilhelm v. R e i n ö h l.
Anfang Okt. 1916 bis Ende Mai 1917 Obst. Anton Edl. v. L e w a n d o w s k i.

**Kriegsgliederung und Einteilung:** Aufstellung Mai 1915, II, 551; III, 30, 190, 191, 202, 233, 245, 270, 283, 327, 574; IV, 62, Blg. 2, 5 und 13; V, Blg. 7, 12; VI, 146, Blg. 6, 24.

bis 6. Nov. 1915, III, 232, 233, 245, 246, 248, 250, 254, 259, 267, 268, 269, 270; Kämpfe südlich der Morava 6. bis 24. Nov. 1915, III, 283, 305; Kämpfe an der montenegrinischen Grenze Dez. 1915, III, 574, 575. — Eroberung von Montenegro

**Mitgemachte Kriegsereignisse:** Übergang über die Save 6. bis 8. Okt. 1915, III, 204, 205; Kämpfe bei Boljevci 8. bis 10. Okt. 1915, III, 218; Verschiebung nach Surčin 14. und 15. Okt. 1915, III, 223; Vorstoß gegen Mittelserbien 18. Okt.

Ende Dez. 1915 bis Ende Jänner 1916, IV, 36, 40, 53, 57, 62; Verschiebung an die Isonzofront Februar 1916, IV, 63. — Zehnte Isonzoschlacht 12. Mai bis 5. Juni 1917, VI, 141, 145, 146.

### Zugehörigkeit zu Truppenteilen

**1914**

02. Oktober: 73. Landsturmbataillon, 3. Kompanie (Leitmeritz)
04. Oktober: Beförderung zum Gefreiten

**1915**

27. Februar: von Gabel-Kobitz bei Brüx zum
    Etappenbataillon Nr.68
09. Oktober: Aufstellung der 5. Marschkompanie in Weer
    (Tirol)
31. Oktober: befördert zum wirklichen Corporal
12. November: Auflösung der 5. Marschkompanie Landsturm
    -Infanterie-Regiment Nr. 409[240], 6.Kompanie, *2.*
    *Zug*, 205. Brigade, Feldpost 210 (Požega)

---

[239] Österreich-Ungarns letzter Krieg 1914-1918. Registerband, Wien 1938, S. 296.

[240] Zum 409. Landsturm-Infanterie-Regiment befinden sich Unterlagen im Österreichischen Staatsarchiv unter AT-OeStA/KA VL VLI 80 Landsturminfanterieregiment Nr. 409; Landsturmbataillone, 1915 (Karton/Faszikel)
http://archivportal.at/detail.aspx?ID=2642829

**1917**

27.September: Schützenregiment Nr. 9, 3. Ersatzkompanie (Auscha)

05.Dezember: Marschformation aufgestellt, 2 Züge unter
Komp.[*anie*]kommandant Oblt.[*Oberleutnant*] Müller,
Zugskommandant I Zug Lt. Türk, II Zug Lt. Hentsch, ich
daselbst einget[h]eilt I. Zug, II.Schwarm[241], [*als*]
Schwarmkommandant des 2. Schwarms

20.Dezember: in III. Zug eingeteilt

21.Dezember: in V. Zug eingeteilt

30.Dezember: Einget[h]eilt zur 36. Marschkompanie 4/75 und
zur 3. Komp[*anie*] transferiert

**1918**

27. Februar: Etappenbataillon Nr. 68 (Zagora)

01. März: Zugskommandant II. Zug

30. März: Leib 148 und 75 in eine Komp. formi[e]rt[242] unser
Komp. 3. und 4. Zug, Adresse: Ldst.M Baon, 1.
Kompanie 4. Zug ... 11, post 256

---

[241] zu Schwarm vgl. Anhang, S.200

[242] Unsicherheit Ende 19./Beginn 20, Jahrhundert in der Orthographie: -e-
als Dehnung möglich, gewöhnlich nicht

# 7 Anhang II: Tagebuch 1915/1916
## Tagebuchaufzeichnungen: Private und Geschäftsadressen

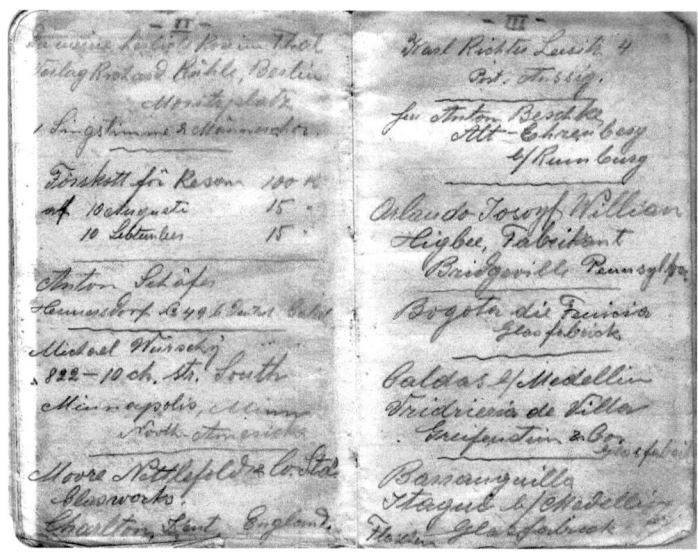

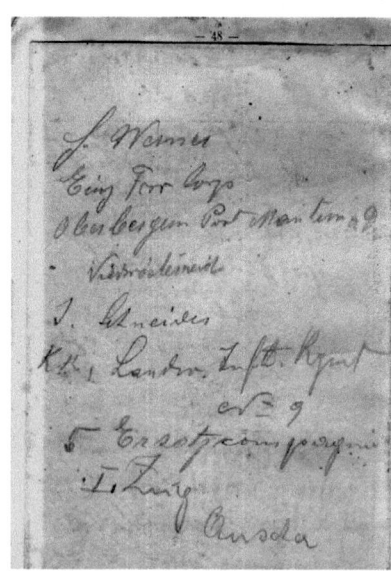

Caldas b/Medellin
Carmen, Departement
Antioquia
Steingutfabriken

French Art. Comp. M. f. g.
2112 Leithgow Str.
(Warszij) Philadelfia
U.S.A.

Anton Grimmes
Kosten, Bahnhofstras. 313

H. Worner, Eisj. Reiw.
Sappeur-Baon N° 2
Krews a/d.
Niederösterreich

– XXXVIII –

Foll & Winkler
Nerchau.

Gust. Adolf Seidentopf
Berlin N. 20 Stoll. strasse 7

Photografien auf Porcellan
& Glas eingebrannt
Karl Steiner Photokeramische Anstalt & Malerei
Aich bei Karlsbad.

H.T. Pädelt Leipsig
Seht. 3
Transportable Muffel

Postkarten.
M. Siemon Versandhaus
Berlin C. 25. Preuslauerstrasse 46

Porcellanfabrik Lessau
Kaffetöpfe.

Porcellanfabrik Brüx
Teller

- Rudolf Werner Ober [*unleserlich*], Graz
  Eichendorffgasse 4 [Seite I, Seitenangabe oben]
- Anton Schäfer; Hermsdorf Nr. 49 bei Deutsch-Gablentz
- Michael Würschy; 822-10 Ch. Str.; South Minneapolis;
  North- Americka
- Moore Nettlefold & Co Stal Glasworks; Charlton Kent;
  England [S.II, Seitenangabe oben]
- Karl Richter; Leesitz 4; Post Aussig
- Herr Anton Beschke; Alt-Ehrenberg; bei Rumburg
- Orlando. Joseph William Higbee; Fabrikant; Bridgeville;
  Pennsylvania
- Bogota di Fenicia; Glasfabrik
- Caldas bei Medellin; Vriedrieria de Villa; Greifenstein &
  comp.glasfabrik
- Bassanguilla; Itague bei Medellin; Flaschen Glasfabrik
  [S. III, Seitenangabe oben]
- Herr Werner. Einj. Frw. Corps[243] Oberbergern Post Mautern
  a.D.[244], Niederösterreich
- J. Schneider, k. k. Landwehr Infanterie Regiment, Nr.9, 5.
  Ersatzkompanie I. Zug, Auscha [S. 48]
- Caldas bei Medellin; Carmen; Departement Antioguia;
  Steingutfabriken
- French Art. Comp.M.f.g.; 21/2 Leitgowstraße, (Wursetz)
  Philadelphia; U.S.A.
- Anton Grimmer; Kosten, Bahnhofstr. 3/3
- H. Werner; Einjährigen. Freiwilligen.; Sappen-Bataillon Nr. 2;
  Krems an der Donau; Niederösterreich [S.5,Seitenangabe
  handschr.unten]
- Fensterglasmalerei invocit Christianne; Firma Strobach &
  Sohn; Lithographie und Steindruckerei; Groß-Schönen;
  Böhmen [S.6, Seitenangabe handschr.unten]
- Franz Wemert [?]; Wocken Nr.8 bei Krscheschitz, Leitmeritz

---

[243] Einjährigen Freiwilligen Korps
[244] an der Donau

Böhmen [S.7, Seitenangabe handschr.unten]
- Vincent Klement; k.u.k. Bezirksgericht in Landskron, Böhmen [S.8, Seitenangabe unten handschr.]
- Josef Kunert Landwirt in Ohren bei Bodenbach[245]
- Josef Nath; Chemnitz-Altendorf, Kochstraße 1 [S.10, Seitenangabe handschr.unten]
- Josef Fritsche, Schneeberg Post Eulau, Nr.74
- August Hortiy, Lichtowitz Nr.32; Post Piaskewitz
- Karl Neumann; Tiesschewitz bei Auscha [S.11, Seitenangabe handschr.unten]
- Fam. [*Kricky ?*]; Nr. 194; Kopitz
- Anton Grimmer bei Franz Havelka; Station Weiswasser[246]; Post Podol Böhmen !!! [S. 12, Seitenangabe handschr.unten]
- Hesse & Becker; Verlag Leipzig       Prospekt [S.14, Seitenangabe handschr.unten]
- Pfeifenbeschlägefabrik Franz Neumann Neistadt a/T Böhmen
- Drechslerwarenfabrik Gebrüder Müller, Döbeln Sachsen [S.39, Seitenangabe handschr.unten]
- Anton Lechner, Wien V.Bezirk, Bachergasse Nr. 6, Tür 5 [S. 29, Seitenangabe handschr.unten]
- Transportable Brennöfen Müffel; Paul A.F. Schulze; Dresden
- Abziehbilderfabricken Richard Schmolling; Leipzig Kochstraße 28
- Foll & Winkler Nerchau
- Gustav Adolf Seidentopf Berlin N 20 Stettiner Straße 7
- Photographien auf Porzellan & Glas eingebrannt Karl Steiner Photokeramische Anstalt & Malerei; Aich bei Karlsbad
- H.T.  Padelt Sehl 3 Transportable Müffel

## Postkarten

---

[245] Javory (*Ohren*)

[246] Jetzt Tschechische Republik: Bělá pod Bezdězem

- M. Siemon Versandhaus Berlin 25 Prenzlauer Str. 46
- Porzellanfabrik Lessau Kaffeetöpfe
- Porzellanfabrik Brüx Teller [S.40/ 41, Seitenangabe handschr.unten]

**Tagebuchnotizen: Kriegserfolge (August 1915)**

Die Errungenschaften des I. Kriegsjahres[247]
Die Zentralmächte haben bisher besetzt:
Belgien 29.000 qkm
Frankreich 21.000 qkm          }180.000 qkm
Russland 130.000 qkm

Der Feind hat besetzt:
Elsass 1.050 qkm
Galicien 10.000 qkm  } 11.050 qkm
Kriegsgefangene: in Lagern und Lazaretten 898.869
als Arbeiter beschäftigt 40.000
in den letzten Wochen gefangen noch unterwegs zu Lagern 120.000
in Deutschland im Ganzen 1.058.869}
in Österreich-Ungarn 636.534
Gesamtzahl          1.695.400 Gefangene
Kriegsgefangene Russen in Deutschland 5.600 Offiziere, 720.000 Mann

---

[247] S. 9/10 unten

## Texte und Karten zum Feldzug in Montenegro

Darstellung der Ereignisse in: Österreich-Ungarns letzter Krieg 1914-1918 [Herausgegeben vom österreichischen Bundesministerium für Heereswesen und vom Kriegsarchiv), Bd. 3, Das Kriegsjahr 1915, Zweiter Teil, Wien 1932

### Eroberung Serbiens und Montenegros (Nov./Dez. 1915)

November 1915„Bei den Vortruppen der k.u.k. 3. Armee verlief die folgende Woche ohne bemerkenswerte Kampfhandlungen. [...] Die 62. ID. die jetzt aus den Landsturmbrigaden 205 [und anderen] bestand, hatte [...] die Montenegriner nun endgültig über die Tara zu werfen und im oberen Limtale [...] zu sichern." S.574: „Die Gruppe Reinöhl, die angewiesen worden war, zur Sicherung der rechten Flanke der 3. Armee auf Nova Varoš vorzugehen, [...] trat erst am 11. Mit ihren Hauptkräften die Vorrückung an. [...] Am 13. Stand Reinöhl mit seinen Truppen erst auf den Höhen von Mačkat und südlich von Zbojštica. [...]". S.296[248]
„Die Gruppe Reinöhl [hatte] am 18. kampflos, aber sehr beschwerlichem Marsche, den Raum nördlich von Nova Varoš erreicht. [...] Die Gruppe Reinöhl und die 62. ID. [hatten] den Schutz der rechten Flanke der 3. Armee am Lim bis Nova Varoš zu übernehmen.[...] Die Gruppe Reinöhl war inzwischen [am 19.] bis Nova Varoš und Bistrica vorgedrungen." [S.306]
„Während sich also GO. Conrad schon mit der Absicht befasste, den Lovcen zu erobern, musste der Vorstoß in den nördlichen Teil von Montenegro noch hinausgeschoben werden. Die 62. ID. Stand am 21. November mit je einer

---

[248]http://digi.landesbibliothek.at/viewer/resolver?urn=urn:nbn:at:AT-OOeLB-1670539 [Von der Einnahme von Brest-Litowsk bis zur Jahreswende 3 : Das Kriegsjahr 1915 2 [Textbd.] (3 : Das Kriegsjahr 1915 ; 2 ; [Textbd.] ;)

Brigade bei Nv.Rudo, Uvac und Priboj, *die Gruppe Reinöhl bei Bistrica* **und** *Nova Varoš.*" [...]

Der Plan für die Besetzung des Nordens Montenegros ging dahin, dass „die Gruppe Reinöhl (205.LstlBrig und LstEtBrig. Hausser) von Nova Varoš gegen Prijepolje, allenfalls dann nach Westen gegen Plevlje anzugreifen hatte." [...]

„Am 23. [Nov.] gelangten schwache Gruppen der 62. ID. bei Priboj und bei Uvac über den Lim; bei Nv. Rudo mußte an diesem Tage noch das Eintreffen der Brückenkähne abgewartet werden. *Die Gruppe Reinöhl schob von Nova Varoš Aufklärungsabteilungen gegen Prijepolje vor, wo der Feind die Brücke verbrannt hatte.*" [...]

„[D]ie k. u. k. Heeresleitung [drängte] neuerlich auf rasches Losschlagen der Truppen des FML. Kalser. Dieser setzte nunmehr den Beginn der Offensive für den 30. [November] fest. Eine kürzere Frist war kaum möglich, da die 62. ID. und die Gruppe Reinöhl vom Lande lebten. Nun aber befanden sich die Montenegriner schon auf dem Rückzuge vom Lim gegen die Tara, gegen Hum, Nefertara, Mojkovac und gegen Bijelopolje. Die Höhen nördlich von Plevlje und von Jabuka wurden aber noch von stärkeren Nachhuten gehalten." [...]

„So war die Lage, als dem FML Kalser vom 3. Armeekmdo[249] die Leitung des Einbruches in den Nordwestteil Montenegros, den ehemaligen Sandžak Novipazar, übertragen wurde. Die Not an Verpflegung und die ungenügende Ausrüstung bildeten auch weiterhin die oberste Sorge dieses Führers. Die Herstellung der Bahn Višegrad-Uvac und einer Überfuhr bei Megjegja waren frühestens am 29. November zu erwarten. FML Kalser nahm daher erst den 1. Dezember für den Beginn des Vorstoßes auf Plevlje in Aussicht. Bis dahin wollte er zur Sicherung der Bahnarbeiten, der Nachschublinie für Reinöhl und für den Brückenschlag auf dem Südufer des Lim bei Rudo, Ustibar, Priboj und Prijepolje kleine Brückenköpfe anlegen

---

[249] Armeekommando

lassen. Auch traf er Anordnungen zu Anhäufung von Lebensmittel in Rudo und Uvac sowie für die Ergänzung der Winterausrüstung und des Schuhwerkes. Dann sollte die *Offensive in breiter Front* beginnen: die Gruppe Blechinger auf Čainice, die Brigade Zhuber von Rudo auf Boljanič, schließlich die 62. ID.und *die Gruppe Reinöhl* von Ustibar und *von Prijepolje auf Plevlje.*" [...]

„Am 29. [November] langte der Brückentrain in Prijepolje ein; am selben Tag war auch der erste Eisenbahnzug nach Uvac abgegangen, Nun durften die 62. ID. und die Gruppe Reinöhl endlich Lebensmitteltransporte erwarten. Am 30. Überschritt Reinöhl auf einer Kriegsbrücke bei Prijepolje den Lim. Er war beauftragt, seine Vorhut gegen Jabuka vorauszusenden." [...]

„Im tiefen Schnee [stießen] die Vortruppen der 62. ID. [...] am 30. beim Aufstieg gegen den Nordrand der Hochfläche von Plevlje auf harten Widerstand." [...]

„Am Nachmittag [*des 1. Dezember*] wurden aber schon die Höhen südlich von Jabuka durch die Gruppe Reinöhl genommen. Bei Plevlje gelang es erst am Abend die montenegrinischen Nachhuten [...] völlig zu vertreiben. [...] Am nächsten Morgen [*2. Dezember*] besetzte die Division Kalser das von den Montenegrinern völlig ausgeplünderte Plevlje. Die einrückenden Truppen wurden von den Bewohnern des durch ein Menschenalter von Österreich Ungarn besetzt gewesenen Städtchens freudig begrüßt."[250]

---

[250] Österreich-Ungarns letzter Krieg 1914-1918 [Herausgegeben vom österreichischen Bundesministerium für Heereswesen und vom Kriegsarchiv), Bd. 3, Das Kriegsjahr 1915, Zweiter Teil, Wien 1932, S. S.329-332

*Einzug von österreichisch-ungarischen Truppen in Plevlje 02. Dezember 1915*[251]

Am 06. [*Dezember 1915*] kam es auch im Kampfraume der Gruppe Reinöhl zum Zusammenstoß. [...] Der am 07. vormittags erneuerte Vorstoß der k.u.LstIR.6 auf die Höhen von Mojkovac kam [...] bald zum Stehen und schon mittags setzten die Montenegriner [...] zum allgemeinen Angriff an. Ihr Hauptstoß richtete sich von Mojkovac nordwärts gegen das k. k. LstIR. 409 der 205 LstIBrig. Nur unter Aufgebot aller verfügbaren Kräfte konnten die stellenweise eingedrungenen Montenegriner durch Gegenstöße zurückgeworfen werden. Starker Schneefall und dichter Nebel erschwerten den wenigen Offizieren die Gefechtsführung. Der Brigadier selbst war es, der an der Spitze seiner letzten Reserven erfolgreich zum rettenden Gegenstoß ansetzte. [...]Zur Verbesserung der taktischen Lage wurde der Angriff am nächsten Tag wieder aufgenommen. [...] An die allgemeine Fortführung des Angriffes war aber zunächst nicht zu denken; die Landsturmtruppen hatten in den letzten Kampftagen über 700 Mann, darunter 224 Tote, verloren und zeigten bedrohliche Spuren allgemeiner Erschöpfung, zumal immer noch ein großer Teil ohne

---

[251] Das Archiv zum 1. Weltkrieg, in: Amtliche Kriegs-Depeschen nach Berichten des Wolff'schen Telegr.-Bureaus, Band 3, Nationaler Verlag, Berlin (1916) http://www.stahlgewitter.com/15_12_02.htm (Stand 27.07.2018)

Kälteschutzmittel den Unbilden des Winters ausgesetzt war. [...] Wegen der zur Zeit trostlosen Nachschublage war aber ein Vormarsch stärkerer Verbände des 62. und der 53. ID erst anfangs Februar zu gewärtigen. [...]"[252]Das VIII. Armeekorps, das die zurückweichenden montenegrinischen Expeditionstruppen aus Serbien verfolgt hatte, hatte einerseits die Aufgabe, diese zu binden, und setzte dafür Teile der 62. und die 53. Infanterie-Truppendivision ein - andererseits sollte es an deren rechten Flügel vorbeiziehen, sich mit den Truppen des XIX. Korps vereinigen, um so Montenegro in zwei Teile aufzuspalten. Die 62. und 53. Infanterie-Truppendivision drangen ab dem 5. Januar 1916 von Nordosten her in Montenegro ein und drängten die Abwehrkräfte auf eine Linie vorwärts Pljevlja und Bijelo Polje entlang des Flusses Tara zurück, um dort anzuhalten und eine Front aufzubauen.

## Die Eroberung von Montenegro und Nordalbanien(Januar 1916)[253]

Am 5. Januar sammelt sich die Gruppe des GM v. Reinöhl (3 Bataillone der 205. LstlBrig. und 3 Bataillone des k. u. LstlR 6 der Brigade Schwarz) am linken Flügel de62.ID. zum Angriff am nächsten Tag auf Mojkovac.

*Denkmal für die Helden der Schlacht von Mojkovac[254]*

---

[252] Österreich-Ungarns letzter Krieg 1914-1918. Bd.4, Das Kriegsjahr 1916, Erster Teil, Wien 1933, S. 40/41.

[253] A.a.O. S.40-62

[254] https://www.montenegro.travel/de/betriebe/denkmal-f%C3%BCr-die-helden,-die-in-der-schlacht-von-mojkovac-in-der-n%C3%A4he-der-br%C3%BCcke-auf-tara-fiel (Stand 11.11.2018)

Am 6. kam es auch im Kampfraume der Gruppe GM. Reinöhl zum. Zusammenstoß. Das vorgeschobene k. u. LstIR. 6 säuberte zwar im ersten Anlauf eine Sattelhöhe nordöstlich von Mojkovac, konnte aber die Gegenangriffe der zahlenmäßig überlegenen Montenegriner nur durch Einsatz aller seiner Reserven und herangezogener Verstärkungen unter großen beiderseitigen Verlusten abweisen; auch in der folgenden Nacht ließ der Feind seine Angriffe stellenweise aufleben. Der am 7. vormittags erneuerte Vorstoß des k. u. LstIR. 6 auf die Höhen südöstlich von Mojkovac kam unter heftiger Gegenwirkung bald zum Stehen und schon mittags setzten die Montenegriner in breiter Front zum allgemeinen Angriff an. Ihr Hauptstoß richtete sich von Mojkovac nordwärts gegen das k. k. LstIR. 409 der 205. LstIBrig. Nur unter Aufgebot aller verfügbaren Kräfte konnten die stellenweise eingedrungenen und erbittert kämpfenden Montenegriner durch Gegenstöße zurückgeworfen werden. Starker Schneefall und dichter Nebel erschwerten den wenigen Offizieren die Gefechtsführung. Der Brigadier selbst war es, der an der Spitze seiner letzten Reserven erfolgreich zum rettenden Gegenstoß ansetzte, worauf der nun erschütterte Feind unter dem Schutze des Nebels und der einbrechenden Nacht das Gefecht abbrach[1]).

Die Lage der Gruppe GM. Reinöhl blieb aber dennoch eine recht zweifelhafte, da noch immer starke feindliche Abteilungen beide Flanken stark bedrohten und zu Gegenmaßnahmen zwangen. Zur Verbesserung der taktischen Lage wurde der Angriff am nächsten Tag wieder aufgenommen; Mojkovac und die südöstlich gelegenen Höhen wurden aber von den Montenegrinern behauptet. Dagegen gelang es, die unterhalb des Ortes über die Tara vorgedrungene feindliche Abteilung wieder über den Fluß zu werfen und die Flanken zu sichern. An die allgemeine Fortführung des Angriffes war aber zunächst nicht zu denken; die Landsturmtruppen hatten in den letzten Kampftagen über 700 Mann, darunter 224 Tote, verloren und zeigten bedrohliche Spuren allgemeiner Erschöpfung, zumal noch immer ein großer Teil ohne Kälteschutzmittel den Unbilden des Winters ausgesetzt war. Kein Wunder, daß sich GM. Reinöhl entschließen mußte, den Angriff erst nach gründlicher Artillerievorbereitung fortzuführen; seiner Aufgabe, möglichst starke Kräfte zu binden, hatte er aber bereits entsprochen. Die auf dem Gefechtsfelde eingetretene Ruhe ließ auch erkennen, daß die Kampflust der Montenegriner wegen der erlittenen schweren Einbußen[1]) erheblich abgekühlt war.

Seit 8.30 Uhr am 7. Jänner befand sich die Gruppe Reinöhl im Angriff auf die Höhen südostwärts Majkovac.

Die österr.-ung. Truppen (Gruppe GM Reinöhl) blieben am 7. Januar 1916 hier jedoch weiter in ihren Flanken von starken feindlichen Kräften bedroht. Da die Landsturmtruppen in den Kämpfen der Vortage überaus hohe Verluste erlitten hatten (insgesamt ca. 700 Mann, davon 224 an Toten) und starke Erschöpfungsanzeichen zeigten, sowie noch immer ein großer Mangel an Kälteschutzmitteln herrschte, konnte an ein weiteres offensives Vorgehen nicht gedacht werden. Am 11. Januar leistete der Gegner dem Vormarsch der österreichisch-ungarischen Truppen nur noch stellenweise Widerstand. Auf den Höhen hatten die eigenen Truppen sehr unter Kälte und Schnee zu leiden.

Während sich die Gruppe Oberst Hausser weiter in Teodo aufhielt, stießen die k.u.k. Verbände an der montenegrinischen Nordfront am 12.Januar weiterhin auf starken Widerstand. Zudem litten diese Truppen erheblich unter Versorgungsproblemen, welche größere Bewegungen der 62. und 53.ID unmöglich machten. Bei einemweiteren Vorstoß der beiden Divisionen an die mittlere Piva wären diese nur von Nikšić aus zu versorgen gewesen. Der körperliche Zustand der im Taraabschnitt eingesetzten Truppen hätte aber selbst im Fall eines totalen Rückzuges des Gegners die Verfolgung nur mit schwachen Kräften erlaubt, da man die Versorgung nicht sicherstellen konnte.

So konnten über die Tara vorgetriebene Patrouillen nicht weiter vordringen, obwohl man nur einzelne, gut in den Felsen versteckte Montenegriner beobachtete, und das eigene Artilleriefeuer nicht erwidert wurde. Von den Höhen bei Nefertara konnte im Laufe des Nachmittags des 13. Januar das Zusammenströmen größerer Mengen von feindlichen bei Nefertara konnte im Laufe des Nachmittags des 13. Januar das Zusammenströmen größerer Mengen von feindlichen Truppen und Tragtieren aus West und Ost gegen Aluga beobachtet werden. Weitere Aufklärung wurde durch den Einbruch der Dunkelheit verhindert, das Verhalten aber vom Kommando der 62. ID als Hinweis auf eine eventuelle Räumung der Tara durch den Feind gewertet und für diesen Fall das Nachstoßen der eigenen Abteilungen angekündigt.

Allerdings hatte Schneefall eingesetzt und die Nachschubwege teilweise unpassierbar gemacht. Daher erschien es ratsam, für die Fortführung der Operation das Schwergewicht an die Westfront zu legen. Zu diesem Zweck wurde befohlen, alle Verbände der Nordostfront, die nicht in der Lage wären, rasch offensiv zu werden an die Südwestfront zu verlegen. Auf den Höhen südostwärts Mojkovac hielten die feindlichen Streitkräfte noch unverändert ihre Stellungen; man musste sich mit dem durch die Gruppe Reinöhl Erreichten vorläufig zufrieden geben. Am 13.Januar hielt an der Tara und auf den Höhen südlich von Majkovac gegenüber der Gruppe Reinöhl der Feind nach wie vor seine Stellungen. „Dennoch", so im 4. Band Österreich-Ungarns letzter Krieg 1914-1918, „machte die Unterwerfung der Montenegriner im allgemeinen rasche Fortschritte. Auch im Nordosten des Landes, wo der Widerstand allenthalben noch angedauert hatte, begannen die feindlichen Verbände vor der 62. ID mit der Waffenstreckung. [...]"[255]Zum beabsichtigten Vormarsch nach Nordalbanien, für den auch die 205. LstlBrig. vorgesehen war, kam es für F. J. Grimmer aufgrund der verlustreichen Kämpfe im Januar nicht mehr. Zum beabsichtigten Vormarsch nach Nordalbanien, für den auch die 205. LstlBrig. vorgesehen war, kam es für F. J. Grimmer aufgrund der verlustreichen Kämpfe im Januar nicht mehr.

---

[255] Ö.-U. letzter Krieg, Bd. 4, Erster Teil, S. 62.

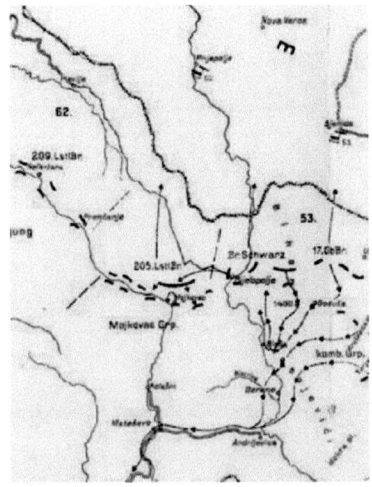

Die Eroberung von Montenegro und
Nordalbanien durch die k.u.k. 3.
Armee 5. Januar bis 18. März 1916

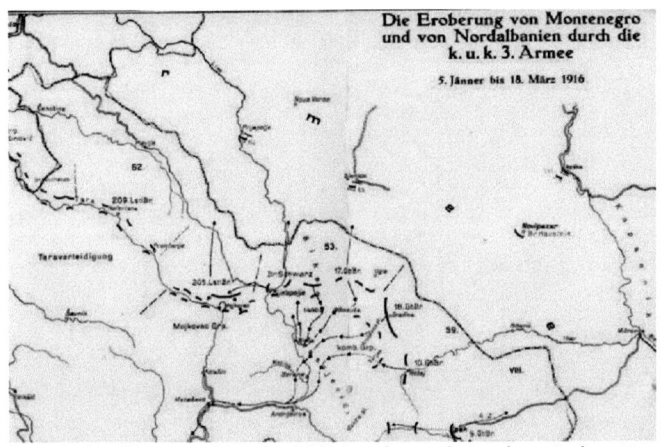

Ausschnitt: Einsatzgebiet der 215. Landsturmbrigade zwischen Tara und
Lim[256]

---

[256] Österreich Ungarns Letzter Krieg 1914-1918 Bd.IV [Das Kriegsjahr 1916]
Beilagen 3 (1)
http://digi.landesbibliothek.at/viewer/image/AC00999882/2/

**Serbischer Kriegsschauplatz**[257]

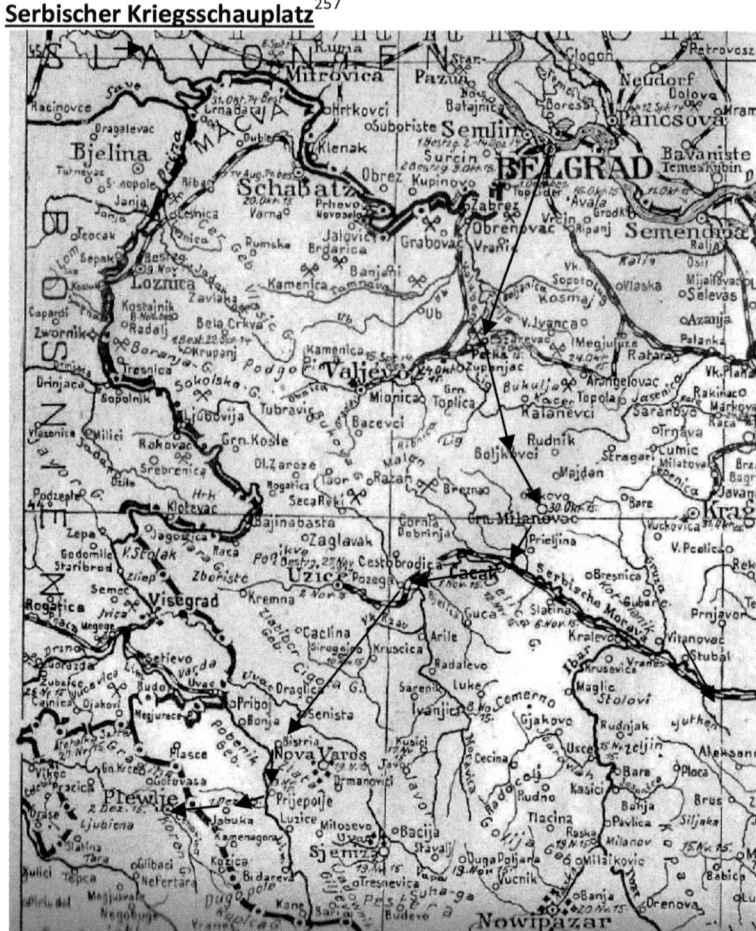

Legende: ——▶ Marsch F. J. Grimmers an die Front vom 01.-
12.November(Belgrad-Požega) und 13. 11.-13. Dezember Märsche und
Gefechte Požega-Plevlja

---

[257] Weltkrieg! Kriegs-&Ruhmesblätter 1915-1916, Bd.2, Berlin (o.J.), S.350-
351

## Montenegrinischer Kriegsschauplatz[258]

Montenegrinischer Kriegsschauplatz.

Legende: ⟶ Märsche und Kämpfe vom 13. Dezember 1915 bis 16. Januar 1916 (Plevlja-Bjelopolje) und Rückmarsch nach Sarajevo über den Metalkasattel

---

[258] Weltkrieg! Kriegs-&Ruhmesblätter 1915-1916, Bd.2, Berlin (o.J.), S.349

*AK Podromania 1914 Häuseransichten*

. . . . . So zog einst der Wanderer mit Bangen seine Strasse durch die Romanja-Planina, und schon die Türken legten überall Karaulen (Wachthäuser) zum Schutze der Strassen an. Aber immer erhielten sich die Banden, verstärkt durch politische Flüchtlinge, die bei der Bevölkerung Unterkunft und Unterstützung fanden. Noch 1882 waren in der Romanja Aufständische, denen aber bald das Handwerk gelegt wurde. Heute ist alles ruhig und friedlich, Jedermann wandelt ungestört seine Strasse, die Kaserne in Han Podromanja, die Posten auf dem Glasinac und oben im Gebirge erinnern aber jederzeit daran, dass das Auge des Gesetzes wacht, dass es eine Wiederkehr der alten Zustände nicht duldet.

In einem Gasthause, direkt an der Strasse, hielten wir Mittagsrast. Es ist ein kleines freundliches Häuschen, in dem gute wenn auch beschränkte Unterkunft zu haben ist. Sonst besteht Podromanja nur aus vereinzelten Häusern und einer Moschee. Weit und breit sieht man keinen Baum, — für die Geschosse der Kaserne ist ein ungehindertes Schussfeld vorhanden. *259*

---

[259] Renner, Heinrich: Durch Bosnien und die Herzegowina kreuz und quer, Wanderungen, S.212

# 8 Anhang III: Tagebuch 1916/1917
## Gradumrechnungen/Maße

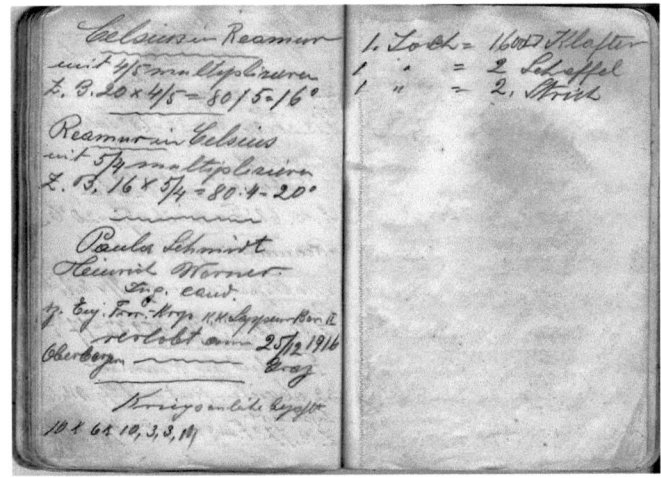

- Celsius in Fahrenheit
  Multipliziert man 20 mit 9/5 und addiert 32 dazu, so

bekommt man die Grade. Z.B. 20 x 9/5= 36 + 32= 20° C.
- Umgekehrt Fahrenheit in Celsius: 32 abziehen,
  z.B. 68° F. – 32 = 36 x 5/9= 20° C.
- Reamur in Fahrenheit: Multipliziert man 9/4 addiert 32
  z.B.: 20° R. x 9/4= 45 + 32= 77° F.
- Fahrenheit in Reamur: 32 abziehen, Rest mit 4/9
  Multiplizieren, z.B.: 77° F. – 32 = 45 x 4/9= 20 ° R.
- Celsius in Reamur: mit 4/5 multiplizieren, z.B.: 20 x 4/5 =
  80/50 16°
- Reamur in Celsius: mit 5/4 multiplizieren:
  z.B. 16 x 5/4= 80 : 4= 20°

**Privat-Geschäftsadressen und Aufzeichnungen zu Sold**

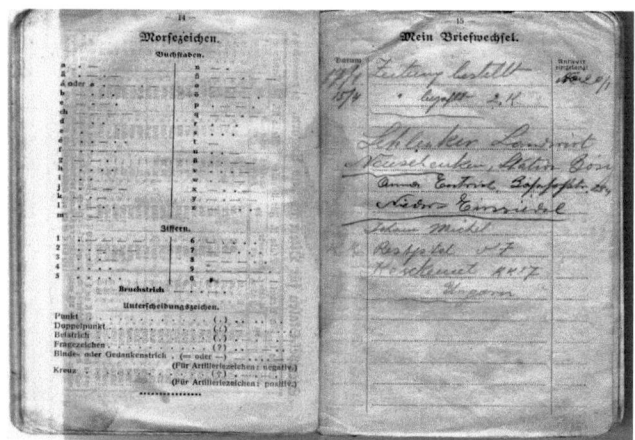

S. 15:- Schlenker Landwirt; Neuschenken, StationB [?]osy
    - Anna Entrich; Bahnhofstr. 234
    - Johann Michel; K.K. Reservespital Nr.7. Kesckemet[260] KK
    17, Ungarn

---

[260] Kecskemet

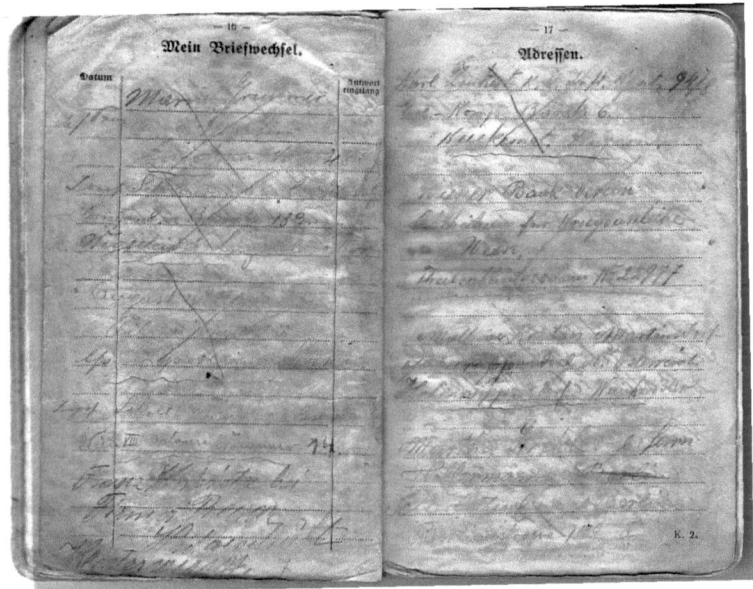

Die Adressen auf Seiten 16, 17 sind nicht zu entziffern.

**S.18**: - <u>Otto Walther</u>, Wohnung Gustav Müller, Berlin
Schönebergstras[s]e 17
- <u>Josef Schneider</u>, I) Res.(*erve*) Spital, Abthlg 4 Zimmer
88, Leitmeritz 2) (?) 9. Realschule, Zimmer Nr. 9,
Leitmeritz
- <u>Josef Jaburek</u>, Schwere Feld-Art. Regiment29, 2 [.]
Batt., Feldpost 405
- Heinrich Werner, Einj.[*ährigen*] Frw. [*Freiwilligen*]
Korp., K.K. Sappeurkompanie[261], Feldpost 292

---

[261] Sappeur: Soldat der technischen Truppe; Pionier

*Kassabuch* S.19, 20, 21 (Seiten 22/23 leer): Einnahmen und Ausgaben in: K = Kronen; h = Heller

**S. 24**: (weiter Adressen)
- <u>Oskar Nöldner</u> La[c]kierer; Warnsdorf II B 234
- Korp. <u>Hermann Watzel</u>; K.K. L.E.B. III/509
- Frau <u>Klara Zan[ts?]ke</u> Heiningen bei Borsum[262];
  Braunschweig

**S. 25**:
- <u>Emma Kostink Statdler</u> 2 (Stadtler); S.[ankt] Batholomä b[ei]
  Graz[263]
- Gftr. <u>Posner Josef</u> im Vereinsspital des r[R]oten Kreuzes
  F.A. [?] Graf Spork'schen Hospital Zimmer 1; Kukus[264] bei
  Königinhof[265] *Das Kukus-Bad des Franz Anton Reichsgraf von*
  *Sporck*
- Karel Semerad Glasbla[e]ser; Langenau[266] Ri[ü ?]ckelt
  Glasfabrik

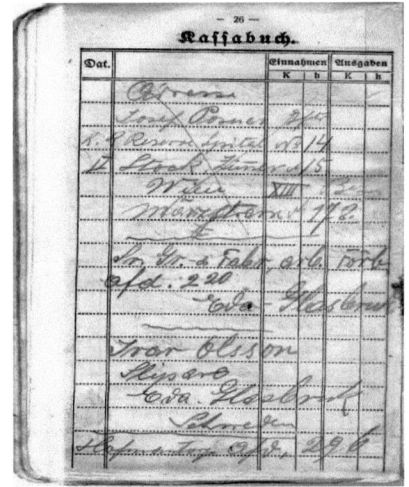

---

[262] Börßum
[263] Bartholomä
[264] Kuks
[265] heute: Dvůr Králové nad Labem
[266] heute:Skalice u České Lípy

**S.26**:
- <u>Josef Posner</u> Gftr. K.K.Reservespital Nr./4; II.Stock, Zimmer Nr./5, Wien XIII. Bez.[*irk*], Märzstrasse Nr. 178
- Abkürzungen nicht aufzulösen
- *Ivar Olsson* Sliparb.[*eiter*] Eda[267] Glasbruck Schweden; Hofmamtorg Afd. [?] 29 b

**Nach der S. 32** eingefügten Karte der Isonzofront nochmals Adressen:
- <u>H [L.] Werner</u>; Eij.[268] Frw. Korp.[269], Oberbergern, Post Mautern a/D.[270], Niederösterreich
- <u>Josef Schneider</u> K. K. Ldst. Marschhalb. Komp. 9/I 2. Zug, Feldpost Nr.8
- Herrn Ministerialrath[271] Dr. Rudolf Freiherr Mensi von Klarbach[272], Wien IX Porzellangasse 33 Arbeitsministerium

**als letzter Eintrag des Tagebuchs:**
- Neumann, Karl –Tierschwitz bei Auscha

---

[267] Schweden
[268] Einjährigen
[269] Einjährigen Freiwilligen Korporal
[270] an der Donau
[271] Im deutschen Sprachbereich wird im 19. und 20. Jahrhundert – t- als – th – geschrieben.
[272] Ministerial-Vice-Secretär, Ministerial-Secretär

**Diverse Notizen**

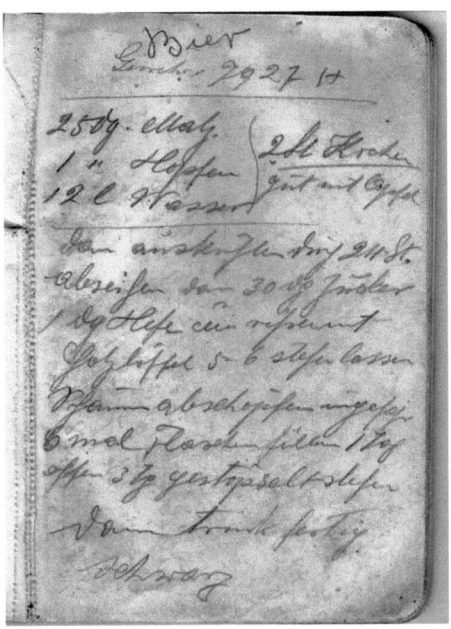

**Bier:** 250 g Malz, 1 g Hopfen, 12 l Wasser- 2 Std. kochen (gut
mit Apfel); dan[n] auskühlen durch 24 Stunden- Abseifen[273],
dan[n] 30 dg[274] Zucker, 1 dg Hefe [unleserlich] Holzlöffel 5-6
stehen lassen, Schaum abschöpfen ungefähr 6 mal, Flaschen
füllen: 1 Tag offen, 3 Tage gestöpselt stehen, dann trinkfertig-
schwarz

---

[273] Reinigung der Braugeräte
[274] Dezigramm

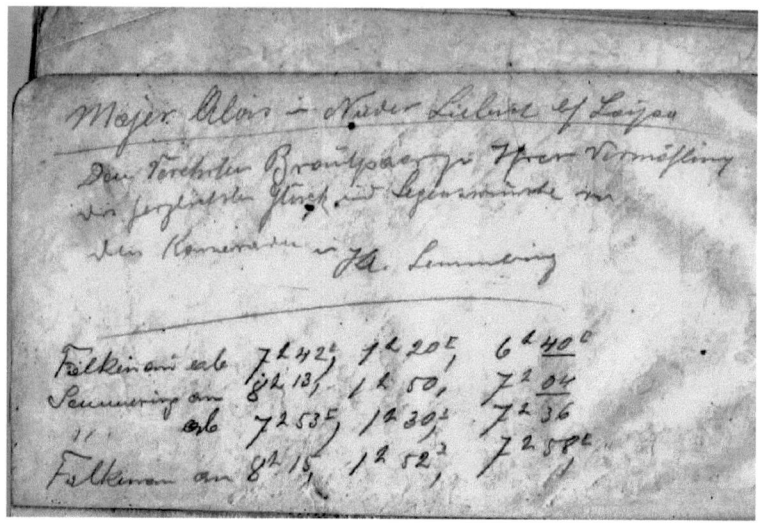

**Glückwunsch aus Klein Semmering**

Majer Alois in Nieder Liebich b[ei] Leipa[275]:

Dem verehrten Brautpaar zu ihrer Vermählung die herzlichstn Glück- und Segenswünsche von den Kameraden in Kl. [ein] Semmering

**Uhrzeiten An-Abfahrt Falkenau[276] / Semmering**

Falkenau ab 7.42 h, 1.20 h, 6.40 h

Semmering an 8.13 h, 1.50 h, 7.04 h

Semmering ab 7.53 h, 1.30 h, 7.36 h

Falkenau an 8.15 h, 1.52 h, 7.58 h

---

[275] jetzt Dolní Libchava

[276] Gemeint ist wohl das jetzige Falknov bei Haida; Grund der Fahrt nach Kytlice ist unbekannt

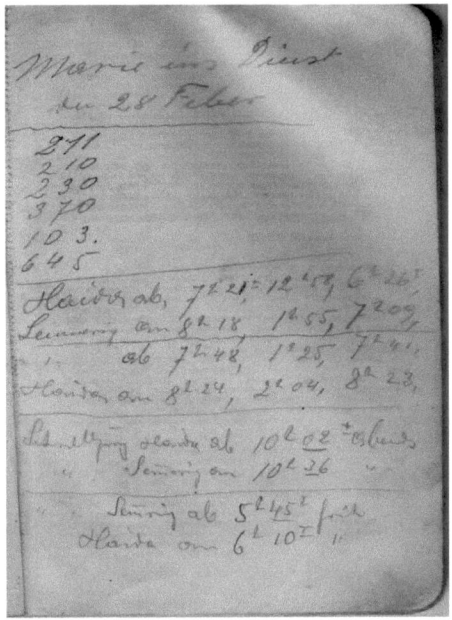

**Tochter Marie im Dienst:** den 28. Feber [*Februar*]

**Zahlen ? :** 211, 210, 230, 370, 103, 645

**An- und Abfahrten Semmering/ Haida[277]:**
Haida ab 7.21 h, 12.58 h, 6.26 h
<u>Semmering an 8.18 h, 1.55 h, 7.09 h</u>
Semmering ab 7.48 h, 1.25 h, 7.41 h
<u>Haida an 8.24 h, 2.04 h, 8.23 h</u>
Schnellzug Haida ab 10.02 h abends
<u>Schnellzug Semmering an 10.36 h abends</u>
Schnellzug Semmering ab 5.45 h früh
Schnellzug Haida an 6.10 h früh

---

[277] wohl zum Besuch in Arnsdorf

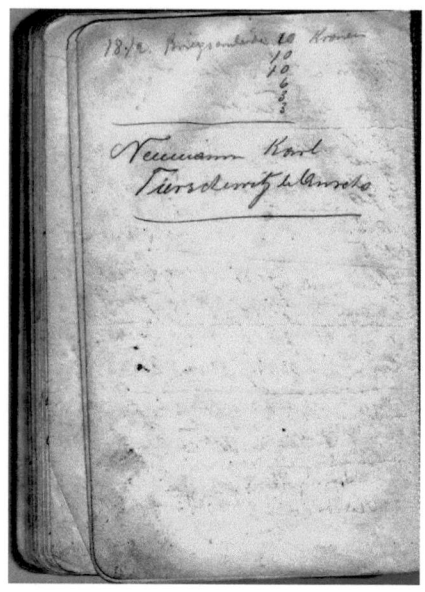

**Verzeichnis der gezeichneten Kriegsanleihen:**
10, 10, 10, 6, 3, 3 Kronen

Die Kriegsanleihen waren das wichtigste Finanzierungsinstrument zur Deckung der Kriegsausgaben sowohl in Österreich-Ungarn als auch im Deutschen Reich.[...] Formal gesehen sind Kriegsanleihen verzinsliche Wertpapiere, die einen Kredit an staatliche Institutionen zum Inhalt hatten. Dessen Tilgung hängt allerdings, unausgesprochen, vom Ausgang der kriegerischen Auseinandersetzung ab, kommt also, etwas verkürzt, einer Wette auf den Sieg der eigenen Streitkräfte nahe.[...]

Der Zusammenbruch der österreichisch-ungarischen Monarchie 1918 begrub die Hoffnungen auf Rückzahlung der riesigen Schulden durch Reparationen und Gebietsabtretungen der Kriegsgegner. Tatsächlich wurden sie in der Hyperinflation bis 1923 total entwertet und meist vorzeitig durch den Gegenwert eines Butterbrotes abgelöst.[...][278]

## 10. Isonzoschlacht

„[...] am 12. Mai morgens, lösten sich alle Zweifel. Kaum, dass das erste Licht den Anbruch des Tages verkündete, erscholl von der ganzen Front von Tolmein abwärts bis zum Meer lebhafter Kanonendonner, der alsbald zu unerhörter Heftigkeit anschwoll. Die Schlacht begann. [...] Dazu sollte die

---

[278] http://wk1.staatsarchiv.at/kriegsfinanzierung/kriegsanleihen/

kampftüchtige, aus Bersaglierie und Alpini zusammengesetzte 47. Division zwischen Canale und Loga den Isonzo überwinden und in südlicher Richtung über die Ortschaft Vrh gegen den Jelinek […] kräftig vorstoßen. […]
Die Lage des k. u. k. XVII. Korps war in den zwei Divisionsabschnitten recht ungleich. Im Bereich der vom GM. Novak von Arieti befehligten 62. ID. Lag die sehr schwach besetzte Kampflinie der 205. Lst-IBrig., Oberst Edl. V. Lewandowski, von Auzza flussabwärts bis Descla-Britof knapp am Isonzo. Südlich anschließend gab es zwei Stellungen nahe hintereinander. Die erste Stellung umkränzte die Höhen östlich von Plava und den Kukrücken auf halbem Hange, um erst bei Vodice […] die Kammlinie zu erreichen. […] Ihr gegenüber hatten sich die Italiener schon in den ersten Kriegswochen auf dem Ostufer des Isonzo eingenistet. […] Jede Bewegung auf dem feindwärts abfallenden Hang wurde von den Batterien auf der Korada und auf dem Mt. Sabatino unter Flankenfeuer genommen. Darunter litten auch die Schanzen […]. Von der kahlen Höhe Vodice, die noch im Bereich der 62. ID. Lag, führt eine Bergbrücke in nordöstliche Richtung zum Hochland Bainsizza-Heiligengeist hinüber. Diese Bergbrücke und der Westrand des genannten Hochlandes war durch Stützpunkte befestigt. Hier hatte das dem XVII. Korps zuletzt zugewiesene LstIR. 11 Aufstellung genommen. […]
In dieser Lage nahm das XVII. Korps am 12. Mai den Kampf mit dem übermächtigen Feind auf. […] Das Geschützfeuer dauerte die ganze Nacht fort, steigerte sich am 13. Und wurde schließlich am 14. zum Trommelfeuer. Es bedeckte alle Stellungen und ihr Anland bis weit zurück mit bestimmter Richtung auf die Standorte der höheren Befehlsstellen. Der Schaden war groß. Vielenorts wurden die Hindernisse zerstört, die Gräben verschüttet. Auch die Verluste waren nicht gering.[…] Nach dem zweieinhalbtägigen Feuerorkan entbrannte am 14. Mai mittags […] an der ganzen Isonzofront

der Kampf der Infanterie. [...] Die 62.ID. [konnte] am Abend melden, dass an ihrer ganzen Front alle ersten feindlichen Angriffe abgeschlagen seien. [...] [*Am 15. Mai*] hatte der Feind [...] bei Bodrez und Loga den Isonzo überschritten und ging in südlicher Richtung vor. [...] In der Tat war es dem Feinde in der Nacht gelungen, eine Brücke zu schlagen und mit zwei Bataillonen das am Isonzoufer in völlig zerstampften Gräben ausharrend k.k.LstlBaon.III/409 zu überwältigen. Des Morgens griffen die Batterien und Reserven der 205. LstlBrig., sowie Teile des auf dem Hochlandsrand bereitgehaltenen k.k.LstlR. 11 ein, so dass der Feind sehr rasch zum Stehen gebracht war. [...] So war denn schon am 15. abends die Gefahr gebannt."[279]

**Willi Raab zur 10. Isonzoschlacht**[280]
„Nach achtstündigem Marsch über die Karsthöhen bei Santa Lucia di Tolmino [...] erreichte ich das Regimentskommando Ldst.IR.409 in dem nahe hinter der Frontlinie gelegenen slowenischen Dorf Bate. [...] Das kleine Dörfchen Morsko [...] war fast völlig in Trümmer geschossen. Nur ganz vorne am Ufer des in engem Bett vorbeirauschenden Isonzo, an dessen gegenüberliegender Seite sich die Italiener eingegraben hatten, [*bildete der Isonzo*] den Rücken unserer eigenen vordersten Grabenlinie. [...] Obwohl zur Zeit meines Eintreffens an diesem Frontabschnitt Ruhe herrschte, krachten doch täglich und nächtlich ein paar Granaten und Schrapnells in unser Dörfchen, nahm dann und wann ein Menschenleben mit [...]. Mahlzeiten gab es nur einmal täglich, um Mitternacht Auch die Wachablösungen und

---

[279] Österreich-Ungarns letzter Krieg 1914-1918. Bd. 6, Das Kriegsjahr 1917, Wien 1936, S. 139-145
[280] Raab, Willi: Und neues Leben blüht aus den Ruinen. Stationen meines Lebens (Hg. Holthaus Ernst, Piper, Ernst), München 2009

Inspizierungen der bis an den Wasserrand vorgeschobenen Feldwachen und Horchposten [...] fanden stets bei Nacht statt.[...] Ein paar Wochen hindurch wurde ich in verschiedenen Abschnitten bei den Dörfern Logs, Bodrez, Auzza, Vrhavec[281] und dem fast völlig zerstörten Schloss Canale zugeteilt. [...] [*Es folgt eine Beschreibung von Einsätzen Raabs und dem Trommelfeuer vor dem Angriff der Italiener am 15. Mai.*] Kaum hatte ich meinen am Eingang der vom Isonzo abzweigenden Avsek-Schlucht gelegenen blockhausartigen Unterstand betreten, [...] als urplötzlich mit furchtbarem Donnern ein rasendes Artilleriefeuer aus allen Batterien der Italiener in unsere Stellungen hereinbrach. Ringsum schlugen heulend und krachend schwere uns leichtere Granaten ein, rissen Gestein und Balken [...] hoch in die Luft [...].Vierundachtzig Stunden hielt das furchtbare Trommelfeuer an, welches die Zehnte Isonzoschlacht einleitete. [...]

*Görz, Hauptplatz mit Kastell*[282]

---

[281] Loke, Bodrež, Avce, Vrh [*Grgar*]

[282] https://deutsche-schutzgebiete.de/wordpress/projekte/oesterreich-ungarn/oesterreich/kuestenland/goerz/

## Oberst Petzold

Der von F. J. Grimmer unter dem 08. September 1916 erwähnte Regimentskommandant, nach seinen Aufzeichnungen Oberleutnant, ist mit hoher Wahrscheinlichkeit der bei Windischgrätz und Raab zitierte Oberst Petzoldt. Korpskommandant des Korps, dem auch die Gruppe Reinöhl im Verband der 62. ID (Divisionsgeneral Novak) angehört, ist zu dieser Zeit General der Infanterie Wurm. Reinöhl hatte am 26.04.1916 das Bataillon besichtigt. Bei Raab[283] erfährt dieser ehemalige Regimentskommandeur F. H. Grimmers, Petzold, eine wenig schmeichelhafte Beurteilung. Das Regiment wurde im Verband der 5. Armee (Kövess) nach den in der 10. Isonzoschlacht erlittenen Verlusten und Strapazen auf den rumänischen Kriegsschauplatz verlegt. F. J. Grimmer war dieser Verlegung durch seinen Aufenthalt im Lazarett in Klein Semmering entgangen. Raab zitiert den Regimentskommandanten Petzold mit folgendem Satz: „Infanterist Papousek ist für 6 Stunden in Spangen zuschließen, weil er bei der gestrigen Defilierung ohne der Kopfwendung an mir vorbeimarschierte. Petzold,Oberst." Nicht nur der falsche Gebrauch des *ohne* im Genitiv statt Akkusativ stört Raab, sondern die insgesamt auf Äußerlichkeiten statt auf dienstfördernde gerichtete Mannschaftführung Petzolds. Oberst Petzold habe auch „die strenge Bestrafung auch geringfügiger Delikte der Mannschaften [gefordert], da er verpflichtet sei, den höheren Kommandos pro Kompanie und Monat mindestens zehn Strafvollzüge zu melden." Weitere von Raab angemerkte Beispiele falsch verstandener Truppenführung Petzolds sind seine Anordnung zum Tragen von weißen Handschuhen bei Truppenübungen durch die Offiziere oder die Reaktion Petzolds, der „rot vor Wut vernichtende Zornesblitze schoss",

---

[283] Raab Und neues Leben, a.a.O. S. 80-81.

auf das klägliche Versagen eines bei der Inspektion der Truppen durch Generalfeldmarschall von Mackensen sein Pferd nicht beherrschenden Kompaniekommandanten, während von Mackensen für diesen Vorfall lediglich „ein kaum merkliches Lächeln" übrig gehabt habe.

*Mackensen auf weißem Pferd nimmt nach der Einnahme von Bukarest eine Parade österreich-ungarischer Truppen ab, Dezember 1916*[284]

*August von Mackensen in der Uniform des 1.Leib-Husaren-Regiments Nr.1, nach 9. Januar 1917*[285]

---

[284] Bundesarchiv, Bild 183-R36187 / CC-BY-SA 3.0

[285] https://de.wikipedia.org/wiki/August_von_Mackensen#/media/File:August_von_Mackensen_in_Uniform_der_Totenkopfhusaren.jpg (Први светски рат у Београду 57.jpg)

178

# 9 Anhang IV: Tagebuch 1918

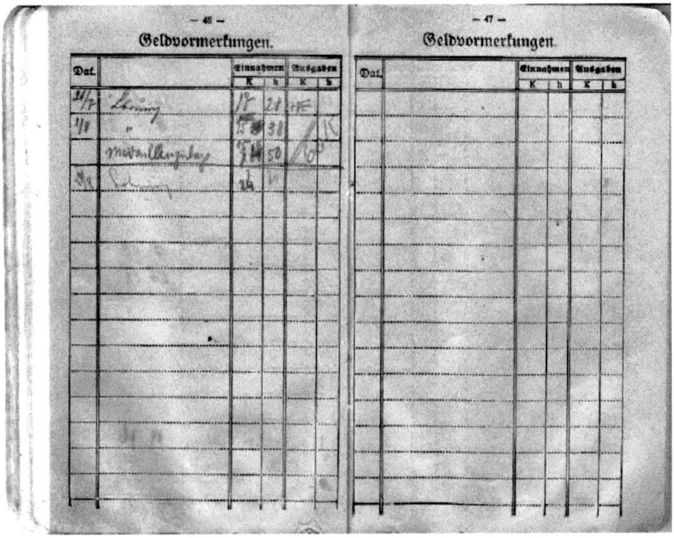

— 46 —

Geldvormerkungen.

| Dat. | | Einnahmen K | Einnahmen h | Ausgaben K | Ausgaben h |
|---|---|---|---|---|---|
| 21/7 | Löhnung | 18 | 21 | [illegible] | |
| 1/8 | " | 15 | 31 | | |
| | [illegible] | [illegible] | 50 | 6 | |
| [illegible] | Löhnung | [illegible] | | | |

— 47 —

Geldvormerkungen.

| Dat. | | Einnahmen K | Einnahmen h | Ausgaben K | Ausgaben h |
|---|---|---|---|---|---|

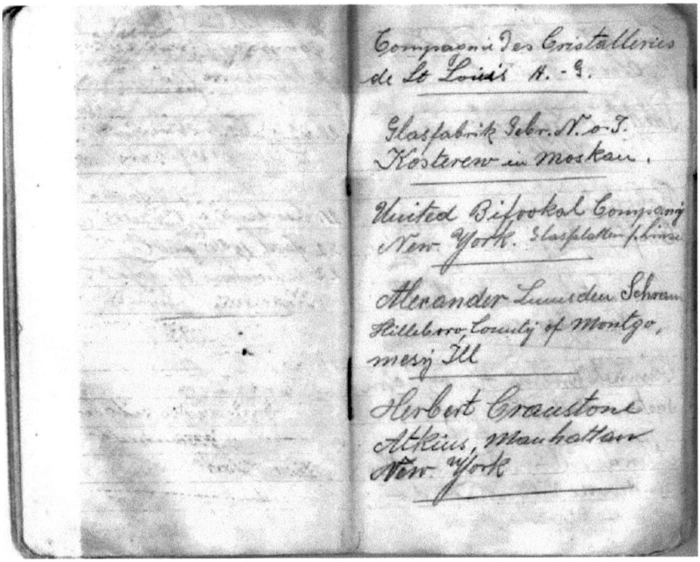

Compagnie des Cristalleries de St Louis A.-G.

Glasfabrik Gebr. N. & J. Kosterew in Moskau.

United Bifokal Company New York. Glasplatten f. Linse

Alexander Lumsden Schram Hillsboro, County of Montgomery Ill

Herbert Cranstone Atkins, Manhattan New York

Matthew William Davison,
George Kester u James
Malkolm Rowan,
Dubois, Pennsylvanien
V. St. A.

The Ceramic Machinery
Company (Hamilton)
Ohio. (Belger v. Tonfliese)

Amerikanischer Kunstkera-
mik St. Louis.

Raymond Cassinove Penfield
New York. Kollergang

Lewis Wallace Alexander
u John William Hall
Auckland, Neuseeland

John Peter Stendelbach
San Francisko

Clarence E. Tucker
Philadelphia V. St. A.

George St. Clair Balsley
u Philip Henry Spinell
Balsley u Detroit, V. St. A.

Orlando, Joseph, William
Hisbee. Bridgeville
(Allegh.) Pennsylvanien V. St.
A.

Frank Hopins. Mc
Guire, Iola Staat
Kansas. V. St. A.

Frank O'Neill Toledo
Ohio, V. St. A.

Frederick George Zinsser
New York

Robert Le Roy Young u
Clifton Eugen Young Washing-
ton.

Lewis Steelmann, Millville,
New Jersey.

Samuel Owen u Henry John
Systemix Hall, New York,

Allen de Vilbiss u Thomas Alexander de Vilbiss Toledo
V. St. A.

American Perfect Package
Company, Baltimore, V. St. A.

American Bottle Cap Company
Philadelphia.

William Hall Fulper,
Flemington New Jersey,

Frank Angelo Vergona
Boston V. St. A.

Jakob Müllen Thompson
Fond du Lac, V. St. A.

Olof Nilson Tenander
u Arthur Maniere
Chicago

Empire Machine Comp.
Pittsburg Pennsylvania U.S.A.

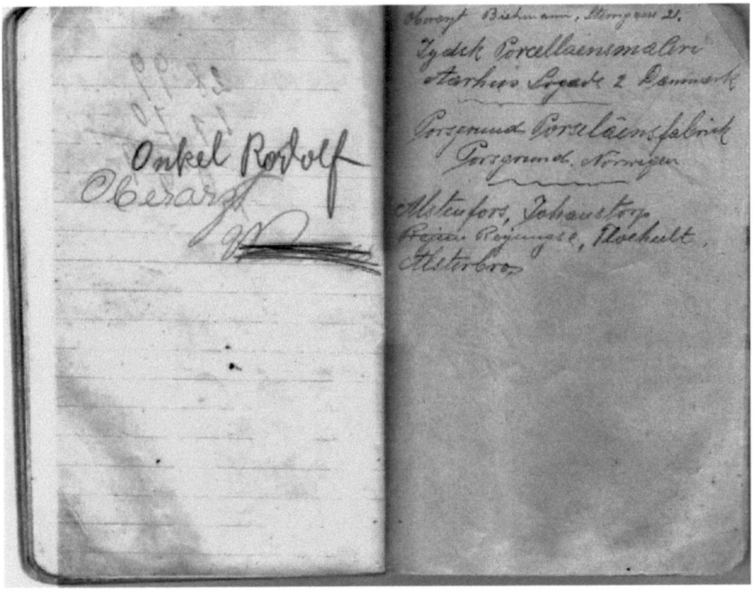
Onkel Rudolf
Oberarzt

Tydsk Porcellainsmalere
Aarhus Søgade 2 Danmark

Porsgrund Porselainsfabrik
Porsgrund Norwegen

Alstenfors, Johanstorp
Rejmyre, Flohult,
Østerbro

**Nach Eintragungen zum Felddienst:**

183

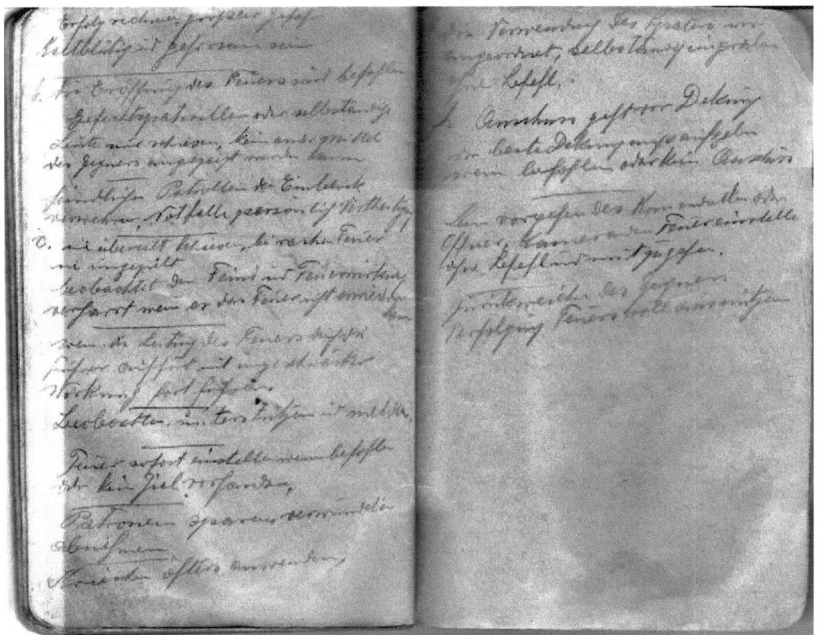

**Notiz zu Verhalten in Gefahr:**
a) Erfolg rechnen größter Gefahr kaltblütig und gehorsam sein
b) Die Eröffnung des Feuers wird befohlen;
   Gefechtspatroullien oder selbständige Leute nur
   schies[s]en, kein andres Mittel des Gegners angezeigt
   werden kann; feindlichen Patroullien den Einblick
   verwehren, notfall persönliche Verteidigung
c) nicht übereilt schießen, bei rasche[m] Feuer nie ungep[e]ilt,
   beobachtet den Feind und Feuerwirkung, verharrt, wenn er
   das Feuer nicht erwidern kann
- wenn die Leitung des Feuers durch die [unleserlich]
   aufhört, mit ungeschwächter Wirkung fortführen
- Beobachten, unterstützen und melden
- Feuer sofort einstellen, wenn befohlen oder kein Ziel
   vorhanden
- Patronen sparen, [V]erwundeten abnehmen

- Kriechen öfters anwenden
- die Verwendung des Spatens wird angeordnet, selbständig eingraben ohne Befehl

h) Anschuss[286] geht vor De[c]kung, die beste Deckung nicht aufgeben, wenn befohlen oder kein Anschuss

- beim [V]orgehen des Kom[m]andanten oder Offizier[s], Kameraden Feuer einstellen ohne Befehl und mitzugehen
- Zurückweichen des Gegners –Verfolgung, Feuer[s] voll Ausnützen

*Am Isonzo*[287]

---

[286] Anschuss ist ein Begriff der Jägersprache: Standort des Wildes beim Schuss oder Einschuss im Wildkörper

[287] https://www.google.de/search?q=Schlachten+Isonzo+Bilder&tbm=isch& tbo=u&source=univ&sa=X&ved=2ahUKEwikrOHEkszeAhXD26QKHYPrBhMQ sAR6BAgGEAE&biw=1680&bih=878#imgrc=WwcCBSjW_gWO0M: (Kriegsfotoalbum aus der Hinterlassenschaft von Fritz Ortlieb)

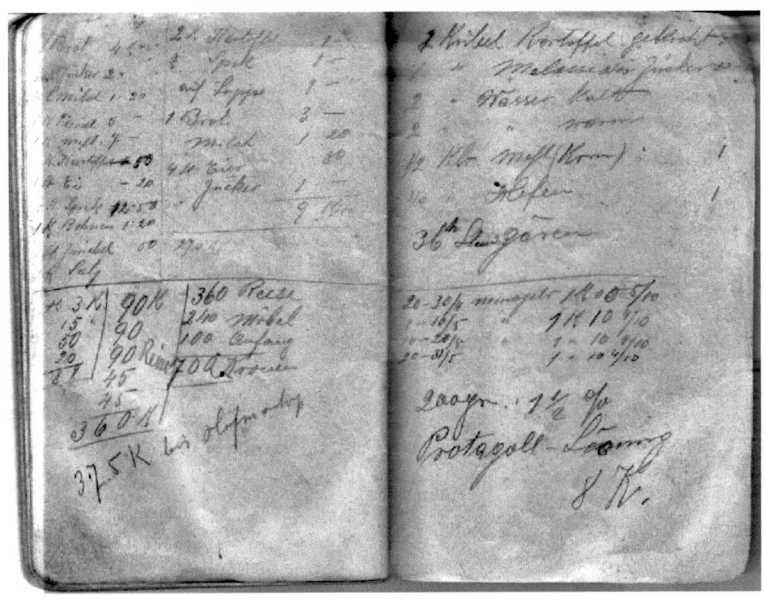

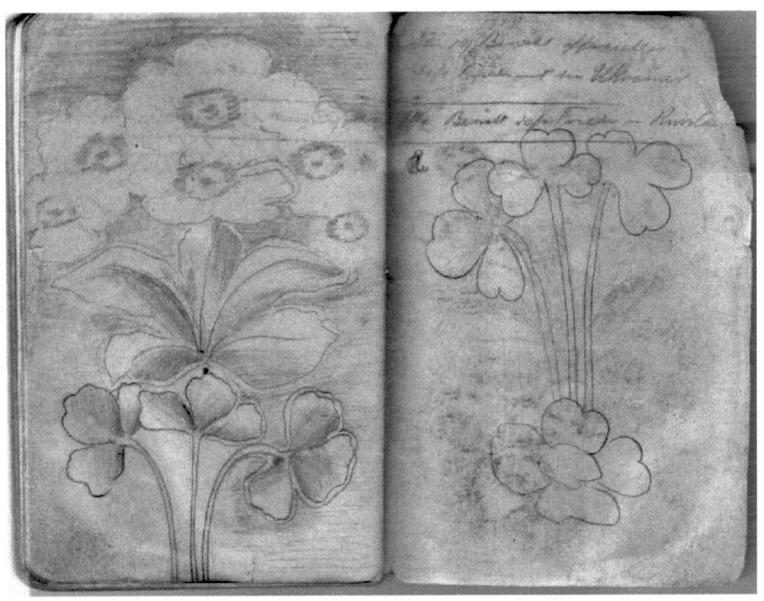

# 10 Anhang V: Notizbuch

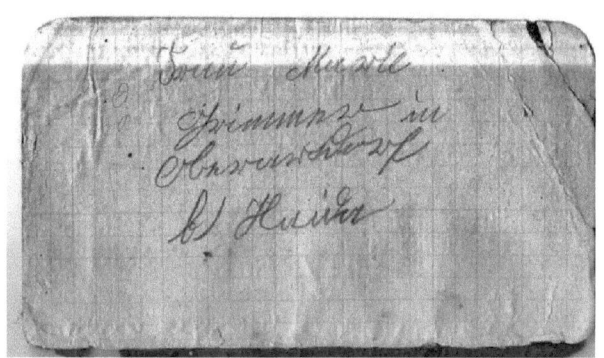

*Innenseite*
*Umschlag: Frau Marie Grimmer in Oberarnsdorf bei Haida*

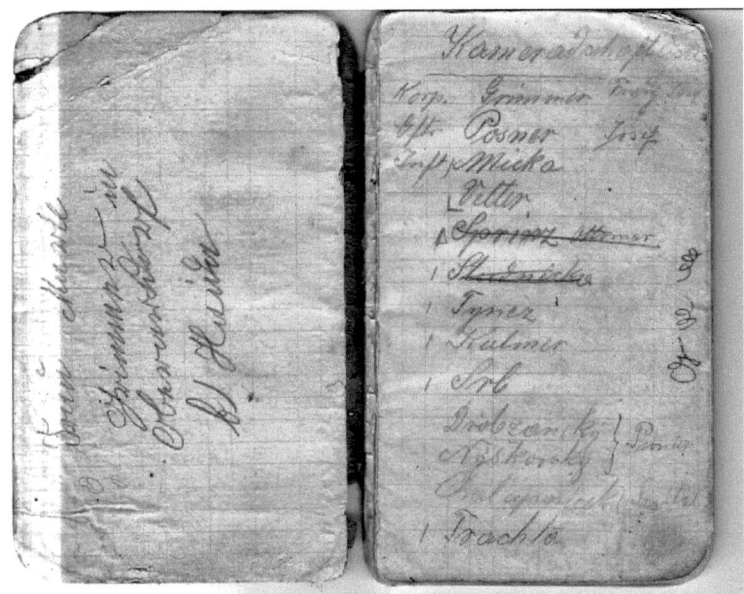

S. 1: <u>Kameradschaftsliste</u>:

Korp.  Grimmer, Franz Josef

Gftr.  Posner, Josef

Inft.  Micka, Vetter

Sprinz, Ottomar; Studnicka[288]; Tynez; Kulmer; Srb;

Drobzanskij, Nyskorskij (Pioniere)

Chalupnickij, Trachta (Spital)

---

[288] Durchstreichungen u.U. Hinweis auf Tod?

S. 2/3:

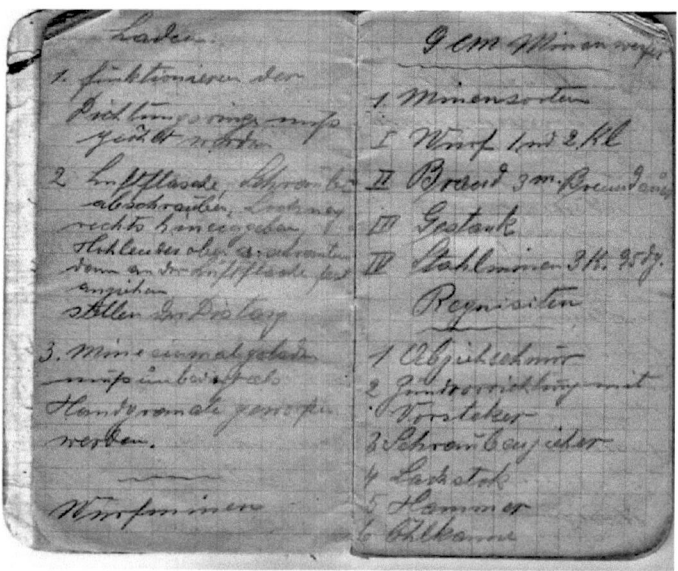

S. 4/5:

S. 6/7:

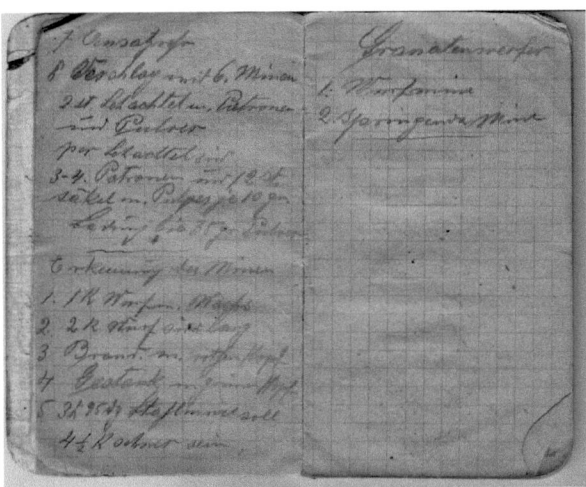

S. 8(leer)/9:

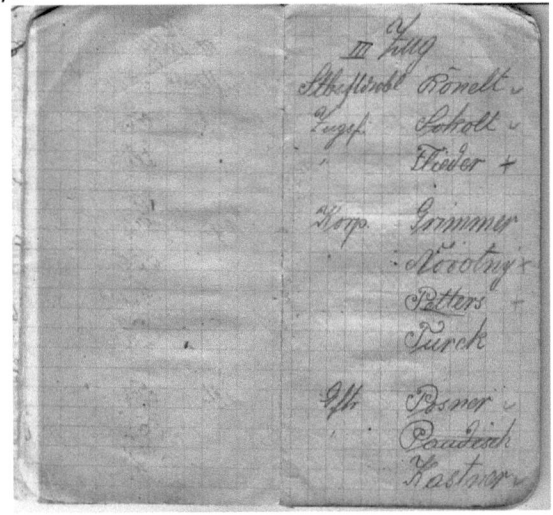

III Zug
Stabsfeldwebel: Rönelt
Zugsführer: Sokoll, Flieder
Korporale: Grimmer, Novotny, Petters, Turek
Gefreite: Posner, Pandisch, Kastner

S. 10/11:

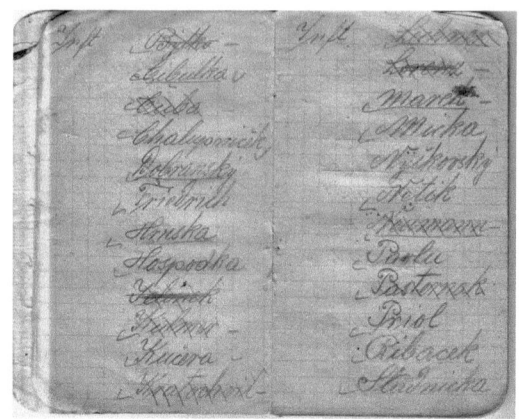

Infanteristen:
Brytko, Cibulka, Cuba, Chalupniček, Dobransky, Friedrich, Hruska, Hospodka, Jelinek, Kulmer, Kučera, Kratochvil, Lechner, Lorenz, Marek, Micka,Nyskovsky, Netik, Neumann, Pavlic, Paternak, Priol, Ribacek, Studnicka

S.12/13

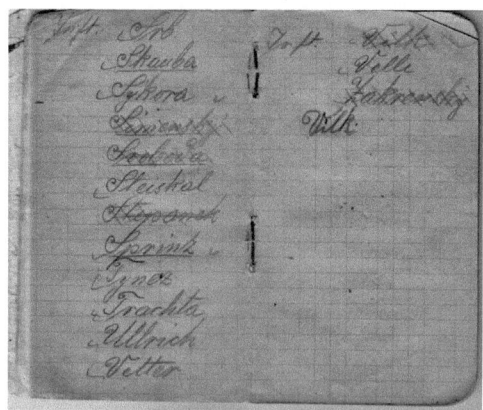

Infanteristen: Srb, Skauba, Sykora, Simensky, Svoboda, Steiskal, Stepanek, Sprintz, Tynez, Trachta, Ullrich, Vetter, Vilk, Velle, Zakrensky

S. 14/15:

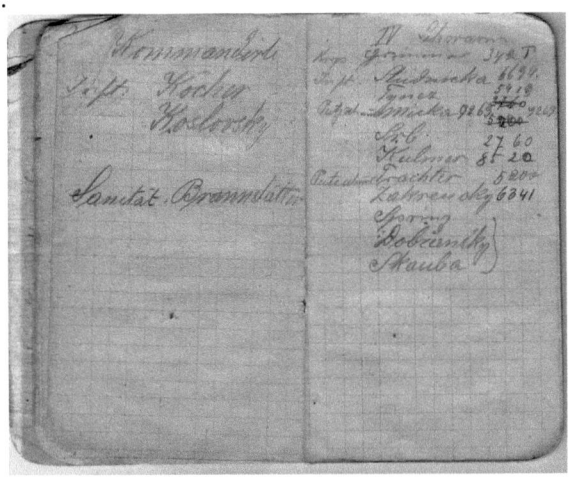

IV Schwarm:
Korporal: Grimmer 342 T[289]
Infanteristen: Studnicka 6694, Tynez 5419
Putzschnur[290]: Micka 9269, 2760, 5200, 9269, Srb 2760, Kulmer 8520,
Putzschnur: Trachter 5200, Zakrensky 6341, Spring, Dobžansky, Skauba
Kommandi[e]rte: Infanteristen: Köcher, Koslovsky

---

# 11 Anhang VI: Heimat und Familie

*Arnsdorf (Arnoltice)*

Die Gemeinde Arnoltice liegt 12 km nordöstlich von Děčín (Tetschen) in der einzigartigen Gegend des Nationalparks Böhmische Schweiz. Der Ort hat eine hervorragende Lage. Zu den interessantesten Gebäuden in der Gemeinde gehört die Marias Himmelfahrt Kirche, die in den Jahren 1757-58 erbaut wurde. Leider wurde die Kirche Anfang des 20. Jh. niedergebrannt und erst 1959 wiedererrichtet. Man kann hier auch das Pfarrhaus im Jugendstil, die Grenzmauer mit 3 Toren und mit 14 Stationen des Kreuzwegs finden. Am südwestlichen Rande von Arnoltice inmitten der Dorfbebauung steht die vormalige Windmühle holländischer Art. Die Mühle ist aus dem Bruchsandstein gebaut. In der südwestlichen Rande von Arnoltice inmitten der Dorfbebauung steht die vormalige Windmühle holländischer Art. Die Mühle ist aus dem Bruchsandstein gebaut. In der Gemeinde gibt es auch viele Zimmerungsbauten und Landwirtschaften, die am meisten zu den Erholungszwecken dienen, sowie die Windmühle. Der Bestandteil der Gemeinde ist auch Wochenendhausgebiet mit dem Schwimmbad[291]

---

[291] http://www.ceskosaske-svycarsko.cz/gemeinden/arnoltice.html

*Turmholländermühle (1977)*[292]

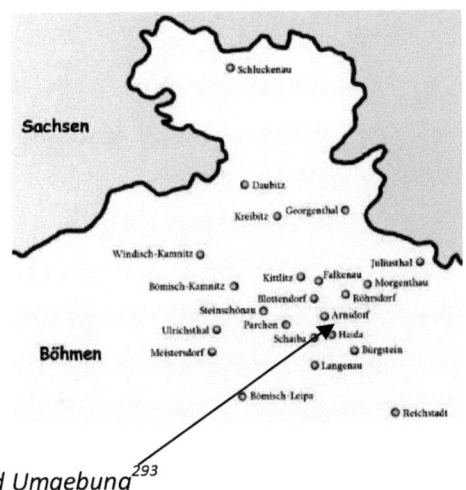

*Arnsdorf und Umgebung*[293]

---

[292] Fotothek df rp-b 0840021 Arnoltice (Arnsdorf). Turmholländer.jpg
[293] https://www.glasmacher-friedrich.de/glas-herstellung-geschichte-boehmen.html

*Košťany (Kosten) Stadtansichten um 1940[294]*

*Familie Grimmer, Arnsdorf (1892 ?):*
*(von links nach rechts) Vater des F. J. Grimmer Anton, Mutter Rosalia mit*
*Elisabeth Elsa[295], Bruder des F. J. Grimmer Anton mit Ehefrau Anna, F. J.*
*Grimmer)*

---

[294] Wohnort des Bruders des Franz J. Grimmer, Anton
[295] Tochter Anton Grimmers und seiner Frau Anna (*13.021891)

Herr Franz Grimmer, der beim J.-R. Nr.
42 diente, sich in Schweden befand und im Sommer 1915
von dort hierher einrückte, ist zum Zugsführer befördert
worden. Nach seiner letzten Karte ist er, der die Kämpfe
in Serbien, Montenegro und die Erstürmung des Lovcen
mitmachte, mit der Silbernen Tapferkeitsmedaille zweiter
Klasse vom Armeekommandanten General v. Kövess persönlich ausgezeichnet worden. Herr Grimmer ist auch bereits Besitzer der Bronzenen Medaille. Viel Glück und
gesunde Heimkehr!

Nr. 42

*Uniform des Infanterie-Regiments 42*[296]

---

[296] http://www.mlorenz.at/images/04_infanterie_39-78.jpg

## 11.1 In Produktion gegangene Entwürfe F. J. Grimmers

**Bleistiftzeichnung im Besitz der Familie Grimmer**

## Die Feldwache

Die Feldwache ist ein Posten oder Spähtrupp zur Sicherung einer ruhenden Truppe eingesetzte kleinere Einheit. Die Feldwachen waren die kleinsten geschlossenen Abteilungen der Vorposten. Sie sicherten sich ihrerseits durch vorgeschobene Doppelposten und Unteroffiziersposten. Die unmittelbare Sicherung des ruhenden Teils der Feldwachen erfolgte über die Schnarrposten oder ebenfalls durch Doppelposten. Die Feldwachen der Infanterie hatten die Stärke eines halben oder ganzen Zuges. [297] Ihnen obliegt Beobachtungsdienst und Verhinderung des unbefugten Überschreitens der Vorpostenlinie, sind also auf guten Beobachtungspunkten verdeckt aufzustellen, Ferngläser; ganze Schwärme oder Züge. Entfernung voneinander so, daß Zwischenterrain unausgesetzt beobachtet werden kann; stellt

---

[297] https://educalingo.com/de/dic-de/feldwache (Stand 09.06.2018); K.u.k. Kriegspressequartier, Lichtbildstelle - Wien

einen oder mehrere Doppelposten als Vedetten auf. Bezeichnung der Feldwache mit Nummern von rechts nach links innerhalb der zu einem Hauptposten gehörigen Feldwachen. [298]

## Die Kantonierungswache

*Kantonierungswache*[299]

Wachen an den Ortsausgängen zur Absperrung, Beobachtung von Alarmzeichen, Sicherung gegen Überfälle u. dgl.; unterstehen meistens der Hauptwache. [300]

## Schwarmlinie:

*Schwarmlinie im Feuergefecht*[301]

---

[298] https://www.heeresgeschichten.at/sonstiges/handbuch_uo/marsch/marsch1.htm

[299] *Offizielle Karte Rotes Kreuz Nr.312, 1916 gelaufen*

[300] https://www.heeresgeschichten.at/sonstiges/handbuch_uo/marsch/marsch1.htm

[301] Litographie von Diveky, Joszef um 1916; http://www.bildarchivaustria.at/Bildarchiv//BA/955/B13823767T13823772.jpg (Stand 21.06.2018)

## Guido Freiherr Novak von Arienti[302]

Am 1. August 1914 wurde Novak von Arienti zum Generalmajor befördert, befehligte eine Brigade im XVI. Korps unter Feldzeugmeister Wenzel Wurm (6. Armee - Feldzeugmeister Oskar Potiorek) und war maßgeblich an den Operationen in Westserbien beteiligt, wo er Anfang September am Kopf schwer verwundet wurde. Nach seiner Genesung übernahm er im Januar 1915 wieder das Kommando über sein Brigade, die im Mai 1915, zusammen mit dem Rest des XVI. Korps, an die Isonzofront verlegt wurde. Novak übernahm wieder die Führung der 1. Gebirgsbrigade, die nach dem Kriegseintritt des Königreichs Italien einen Abschnitt nördlich von Görz am Isonzo gegen die italienische Armee zu verteidigen hatte. Im Juni 1915 erfolgten hier schwere Abwehrkämpfe bei Plava, im Besonderen um die Höhe 383. Seine Brigade war der 18. Infanteriedivision unter Generalmajor Eduard Böltz unterstellt. Im Juni 1915 entbrannte der Kampf um den Hügel 383 bei Plave, der kurzzeitig verloren, von Generalmajor Novak aber zurückerobert werden konnte. Für diese Leistung wurde er, allerdings erst 1917, mit Maria-Theresien-Orden ausgezeichnet und in den Adelsstand eines Freiherren erhoben. Er wurde im Jahre 1915 ein zweites Mal verwundet, übernahm das Kommando über die 50. Infanteriedivision, zeitweilig über die 62. ID sowie über sein Korps.[...] Für den Erfolg bei Zagora und für sein tapferes Verhalten wurde Generalmajor von Novak der Orden der Eisernen Krone 2. Klasse mit Kriegsdekoration verliehen. Seine Soldaten hatten im Jahr 1916 "ihrem General" nahe der Stelle, wo er

---

[302] https://de.wikipedia.org/wiki/Guido_Novak_von_Arienti (Stand 21.11.2018)

verwundet worden war, ein Denkmal errichtet und den Platz "Generalmajor von Novak Platz" benannt. Dieses Denkmal befindet sich unterhalb des Hügels Kuk und oberhalb des Dorfes Zagomila. Hier, unweit des einstigen Brigadekommandos, das sich in Kavernen am Fuße des Berges befand, lief der Nachschub aus dem Dorf Britof (heute Grgar, Slowenien) kommend zur Front. Auf diesem Platz erfolgte auch die Verladung des Nachschubs auf Tragtiere, die den schwierigen und gefährlichen Fußweg nach Zagora beschreiten mussten.

Novak kehrte am 20. Dezember 1915 als Kommandant der k. u. k. 50. Infanteriedivision in einen Abschnitt nahe Tolmein an die Front zurück. Im Februar 1916 wechselte er in das Kommando der k. u. k. 62. Infanteriedivision, um in seinem alten Abschnitt bei Plava, von dem er hervorragende Ortskenntnis besaß, die Abwehr zu übernehmen. Hier nahm er 1916/17 an sieben Isonzoschlachten teil.

### General der Infanterie Wenzel Freiherr von Wurm[303]

Als Italien Österreich-Ungarn am 23. Mai 1915 den Krieg erklärte, lag das XVI. Korps von Wurm in Syrmien. Er bekam den Auftrag, die italienischen Kräfte so schnell wie möglich zum Stehen zu bringen. Wurm stellte seine Truppen westlich von Görz entlang des Isonzo auf, und nicht wie befohlen in den höher gelegenen Gebieten weiter im Osten. Dies war die Basis für die folgenden vier erfolgreichen Abwehrschlachten der k.u.k. Armee und brachte dem Feldzeugmeister einige Ehrungen und Auszeichnungen ein, unter anderem den Titel eines Geheimen Rates am 16. März 1916

---

[303] (* 27. Februar 1859 in Karolinenthal, heute als Karlín ein Stadtteil von Prag; † 21. März 1921 in Wien) war Generaloberst der österreichisch-ungarischen Armee.

## Der Malý Semerink

„Der Malý Semerink (Klein Semmering) war früher eine weitbekannte, in den Wäldern am heutigen Bahhof Chřibská (Kreibitz), etwa 2 km nordöstlich von Horní Chřibská (Ober Kreibitz) liegende Sommerfrische. Der Bahnhof Chřibská (Kreibitz) wurde ursprünglich nach dem ewa 3km entfernten Orte Krásné Pole (Schönfeld) genannt. [...] Er wurde von der Gesellschaft der Böhmischen Nordbahn beim Bau der Bahnstrecken Česká Lípa (Böhmisch Leipa) - Rumburk (Rumburg) und Děčín (Tetschen) - Varnsdorf (Warnsdorf) gebaut. [...] Weil die bergigen Abschnitte anspruchsvolle Erdarbeiten, Felssprengungen und Brückenbauten erforderten, begann man die Station Krásné Pole (Schönfeld) etwas übertrieben mit dem Namen Malý Semerink (Klein Semmering) zu bezeichnen.[304] Der Betrieb der Strecke wurde am 16. Januar 1869 eingeleitet. [...] Emmanuel Tschinkel aus Krásné Pole (Schönfeld) [kaufte] vom Grafen Kinsky an der Station ein ziemlich grosses Grundstück, auf dem er im folgenden Jahre ein Restaurant im Schweizer Stile mit zwei Veranden, einem Musikpavillon, mit Ställen, einem Park und einem etwa 11 ha grossen Tierpark aufbaute. [...] Es entstand [...] inmitten der Wälder, die zum Teile parkähnlich eingerichtet wurden, die stark besuchte Sommerfrische und Badeanstalt Malý Semerink (Klein Semmering). Im Jahre 1904 kaufte die ganze Erholungsanstalt Ernst Seibt. [...]"[305]

---

[304] nach der Sommerfrische bei Wien

[305] http://www.luzicke-hory.cz/mista/index.php?pg=zmmsemd (Stand 21.06.2018 9

## Erzherzog Friedrich

*Erzherzog Friedrich im Dezember 1936 in Mosonmagyaróvár (Ungarn)*

Nachfolger seines Onkels Erzherzog Albrecht; 1905 Generaltruppeninspektor, 1907 Oberkommandant der k. u. k.-Landwehr. Er galt zum Zeitpunkt des Attentats in Sarajevo als Stellvertreter Erzherzog Franz Ferdinands, sollte dieser an der Ausübung seines Amts als Oberbefehlshaber der österreichisch-ungarischen Truppen im Kriegsfall gehindert sein. Nach der Ermordung des Erzherzogs wurde Friedrich daher zum Feldmarschall ernannt und ihm wurde der Oberbefehl über die k. u. k.-Truppen übertragen. Der durch den Krieg reich gewordene Erzherzog verlor seine Macht, als der neu gekrönte Kaiser Karl (ab 21.11.1916) den Oberbefehl über sämtliche österreichisch-ungarischen Truppen übernahm.[306]

---

[306] https://www.lexikon-erster weltkrieg.de/ Friedrich,_Erzherzog_von_Österreich (Stand 01.06.2018)

## Karl I. von Österreich

*Kaiser Karl I. von Österreich, König Karl IV. von Ungarn (1917)*[307]

Karl I. (* 17. August 1887 als *Erzherzog Carl Franz Joseph Ludwig Hubert Georg Otto Maria von Österreich* auf Schloss Persenbeug, Erzherzogtum Österreich unter der Enns; † 1. April 1922 in Funchal, Madeira, Portugal) aus der Dynastie Habsburg-Lothringen war von 1916 bis zu seinem Verzicht auf „jeden Anteil an den Staatsgeschäften" 1918 letzter Kaiser von Österreich.[308]
Interview des Franz Graf Czernin mit Heinrich Schumann, Hofphotograph des Kaisers und Augenzeuge des Unglücks im Torrente[309]:

Wir sind damals von Görz-Gradisca von der Front gekommen und waren knapp vor dem Tagliamento. Es schüttete, [...] und der Kaiser hatte noch zwei Divisionen zu inspizieren. [...] Boroëvic drängte zur Überquerung des Flusses. Als wir dann zum Torrente Torro gekommen sind, war aus dem sonst trockenen Flußbett ein reißender Strom geworden. [...] Man ließ unglücklicherweise das Auto mit dem Kaiser als erstes passieren. Wie es in der Mitte des Flusses angekommen war, war das Wasser so hoch und so reißend, daß der Magnet naß geworden und abgestorben ist. Das Auto kam nicht mehr weiter. Jetzt war der Kaiser mitten im Hochwasser. Es war bereits ziemlich dunkel. [Friedrich] Tomek und [Josef] Reisenbichler haben versucht, den Kaiser hinauszutragen, aber als sie ihn aus dem Auto herausgehoben hatten, stürzten sie und verschwanden mit dem Kaiser im Wasser. Der Schwager des Kaisers, Prinz Felix [von Bourbon von Parma], ist gleich nachgesprungen, und auch wir vom Ufer sprangen in den reißenden Strom, und es gelang uns, ca 150 m weiter unten, den Kaiser zu erreichen und aus dem Wasser zu ziehen. Ohne uns wäre keine Hilfe gewesen, er wäre glatt ertrunken. [...] Ein Lastauto war am Ufer und wir zogen den Kaiser aus dem nassen Pelzmantel und setzten ihn ins Auto. Damals hat der Kaiser, der sonst nie etwas trank, einen kräftigen Schluck Cognac genommen. Das war am 11. November [1917]." Vgl. zu diesem Unfall auch bei Polzer-Hoditz, 509 und Abendpost 1917, Nr 260, 12.11. Entdramatisierend nach der Darstellung von Konrad Hohenlohe-Schillingsfürst: Redlich, TB, 2, 244–245.

---

[307] Jörg C.Steiner: Der k.u.k. Hofstaat - 1858-1918. ALBUM Verlag für Photografie, Wien 1997, ISBN 3-85164-048-9
[308] https://de.wikipedia.org/wiki/Karl_I._(%C3%96sterreich-Ungarn) (Stand 21.06.2018)
[309] http://www.elisabethkovacs.com/wp-content/uploads/61.-bis-80.-Lazare-Weiller-an-das-franz%C3%B6sische-Au%C3%9Fenministerium-Note-sur-une-Proposition-Autrichienne.pdf

*April 1917 – Der österreichische Kaiser Karl I. besucht seine Truppen an der Isonzo-Front [310]*

*Ausheben von Schützengräben an der Isonzofront 05. 10. 1917*

---

[310] Scoopnest.com

# 12. Anhang „Mein Tagebuch der Kriegsjahre1914-1918"

welche denselben Schicksale entgegen gingen.
So kamen wir nach Passruh, wo wir einer eingehender
Kontroll untersucht wurden, um dann mit den Zug weiter
zu fahren nach Berlin mit 2 Briefen von der einen Herren
welche ym Berlin abzugeben hielte die anderen waren bloss
seine Keller.

Ich ___ hatter gab ich nicht auf der Post
sondern der Polizei ab, um im Interesse meineres
Vaterlande zu arbeiten und meiner Aufgabe zu entledigen
das Abgabe meines Nationalitat in falle dass sie mich braucht
mich als Zeugen meiner stunde zu machen, wo ich leider nicht
sehr ver von Seite, nichte ich noch etliche, Das war am 29/9, von
Berlin ab über Dresden, Bodenbach, nach — anstatt nach Schweiz
Regiment, ___ meinem Geburtsorte Jungbunz-
Hain zu meinen alten Mütterlein, und zu meinem Schwieger-
Eltern, das war am 30 September ____ ____
____ meine Schwester und alle meine Freunde zu besuchen
____ ____ ____ zum ____ Kräfte
zum Vaterlande zur Verfügung zu stellen, am 1 Oktober fuhr ich
Wer nach Leitmeritz um sich präsentieren zu lassen den 2ten
wurde ich eingetheilt zum 73 Landsturm Baon 3te Kompagnie welche
____ ____ ____ in Leboust stationirt war um am
3ten daselbst einzutreffen, so verging die Zeit mit Freiübungen
und Marschieren ____ in Civil, dem Militärkleider und Waffen
hatten wir noch Keine, also bloss mit Stecken, den 14tth zum Schiessen
befördert wo wir auf legte Gwehre bekamen, so wir endlich an
um ein Exerzieren denken Konnten, Endlich am 6 November bekamen
wir auf unsere Uniform und wurden Kriegsmässig ausgerüstet
mit meinen Gewehre welche für Meister hergestellt waren

Doch zu unserem größten Freude, ging es nicht so fett, als wie es [...] zu sein war. In Deutsch-Gabel war ein Kriegs-Gefangenenlager errichtet, und so wir gleich zur Bewachung der Gefangenen dorthin transportirt worden, da wir die einzigen waren welche Uniformen hatten, und daß sofort Bewachung [...] eine [...] Masse [...] in Empfang nehmen sollten, [...] Wachdienst [...] im Kriege. [...]

[...] am 27. [...] 1915. [...] Wachdienst [...] Gefangenlager [...] Jetzt bis 6000 Mann später noch mehr.

1 März mittags [...] bis anderen Tag durch [...]
[...] folgte nachmittags [...] frei
3 " vorm. Übungsmarsch Schönlinde [...] nachm. [...]
4 " " Schule nachmittag Lagerwache B
6 " " Gasmaske [...]
7 " " Bajonettunsicht 2 b. Befehl
8 " " frei nachm. Stationswache
10 " " Schule über Wachdienst
13 " " Schule nach Lagerwache A
15 " " Übungsmarsch [...] nachm. Schule

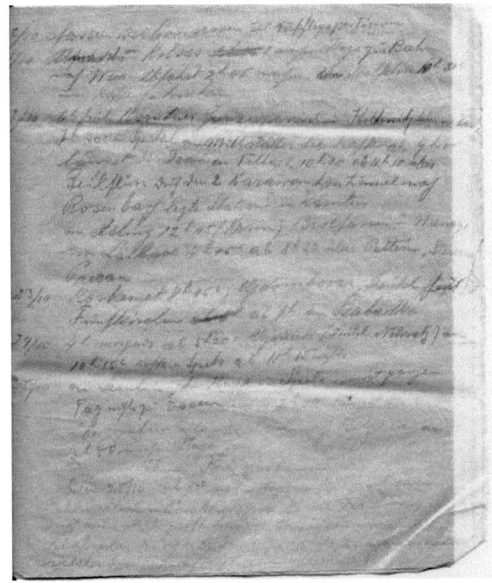

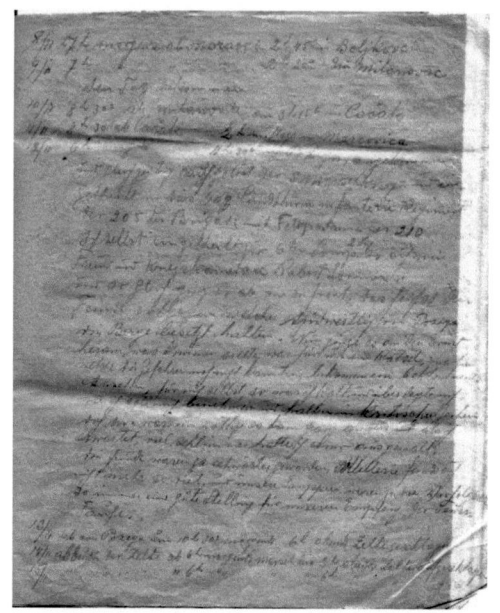

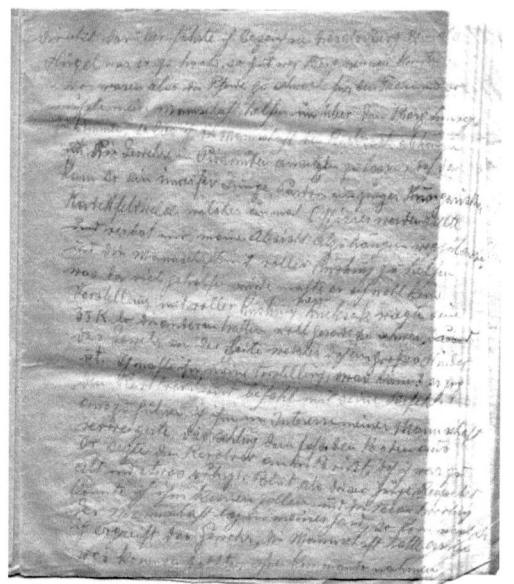

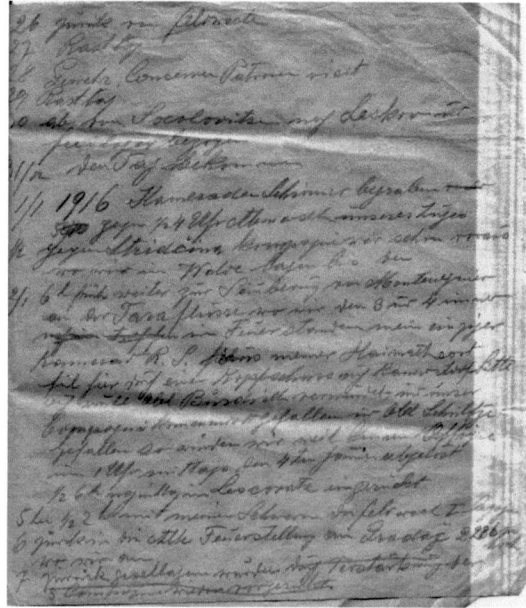

# Literaturverzeichnis

Sekundärliteratur

Das Archiv zum 1. Weltkrieg, in: Amtliche Kriegs-Depeschen nach Berichten des Wolff'schen Telegr.-Bureaus, Band 3, Nationaler Verlag, Berlin (1916)

Enne, Peter: Die österreichisch-ungarische Offensive gegen Montenegro 1916 unter besonderer Berücksichtigung der Operation über den Lovćen und des Zusammenbruchs der montenegrinischen Armee, Wien 2008

Kaltenegger, Roland: Die Schlachten am Isonzo. Österreich-Ungarns letzter Sieg vor dem Untergang der Donaumonarchie, Teil 1 u. 2, Würzburg 2018

Küstners österr.-ung. Kriegs-Taschen-Kalender zum Gebrauch für alle Militärpersonen. B.(*Böhmisch*) Leipa

Meyers Großes Konversations-Lexikon, Band 11, Leipzig 1907

Österreich-Ungarns letzter Krieg 1914–1918. Band I–VII. Verlag der Militärwissenschaftlichen Mitteilungen, Wien 1930–39

Österreich-Ungarns letzter Krieg 1914-1918 [Herausgegeben vom österreichischen Bundesministerium für Heereswesen und vom Kriegsarchiv), Bd. 3, Das Kriegsjahr 1915, Zweiter Teil, Wien 1932

Österreich-Ungarns letzter Krieg 1914-1918. Bd.4, Das Kriegsjahr 1916, Erster Teil, Wien 1933

Österreich Ungarns Letzter Krieg 1914-1918 Bd.IV [Das Kriegsjahr 1916] Beilagen 3 (1)

Österreich-Ungarns letzter Krieg 1914-1918. Bd. 6, Das Kriegsjahr 1917, Wien 1936

Österreich-Ungarns letzter Krieg 1914-1918. Registerband, Wien 1938

Das Archiv zum 1. Weltkrieg, in: Amtliche Kriegs-Depeschen nach Berichten des Wolff'schen Telegr.-Bureaus, Band 3, Nationaler Verlag, Berlin (1916)

Raab, Willi: Und neues Leben blüht aus den Ruinen. Stationen meines Lebens (Hg. Holthaus Ernst, Piper, Ernst), München 2009

Sommer, Johann Gottfried: Das Königreich Böhmen; statistisch-topographisch dargestellt, Bd. 14, Saazer Kreis, Prag 1946

Steiner Jörg C.: Der k.u.k. Hofstaat - 1858-1918. ALBUM Verlag für Photografie, Wien 1997

Windischgraetz, Ludwig Prinz: Vom Roten zum Schwarzen Prinzen. Mein Kampf gegen das K. U. K. System,Berlin-Wien 1920

### Internet

http://www.historie.hranet.cz/heraldika/pdf/schmidt-brentano2007.pdf (Stand 27.07.2018)

http://www.stahlgewitter.com/15_12_02.htm (Stand 27.07.2018)

http://othes.univie.ac.at/1798/1/2008-10-13_7702347.pdf    (Stand 27.07.2018)

http://www.stahlgewitter.com/15_12_02.htm (Stand 27.07.2018) http://www.uir.cz/katastralni-uzemi-obec/562530/Obec-Chribska (Stand 27.07.2018)

https://de.wikipedia.org/wiki/Nagykanizsa (Stand 27.07.2018)

https://de.wikipedia.org/wiki/Hermann_K%C3%B6vess_von_K%C3%B6vesshaza (Stand 27.07.2018)

http://othes.univie.ac.at/1798/1/2008-10-13_7702347.pdf   (Stand 27.07.2018)

http://www.biographien.ac.at/oebl/oebl_R/Reinoehl_Wilhelm_1859_1918.xml (Stand 27.07.2018)

http://www.historie.hranet.cz/heraldika/pdf/schmidt-brentano2007.pdf (Stand 27.07.2018)

http://www.ceskosaske-svycarsko.cz/gemeinden/arnoltice.html (Stand 21.06.2018)

https://de.wikipedia.org/wiki/Feldzug_in_Montenegro (Stand 28.07.2018)

https://de.wikipedia.org/wiki/Nagykanizsahttp://digi.landesbibliothek.at/viewer/resolver?urn=urn:nbn:at:AT-OOeLB-1670539 [Von der Einnahme von Brest-Litowsk bis zur Jahreswende 3 : Das Kriegsjahr 1915 2 [Textbd.] (3 : Das Kriegsjahr 1915 ; 2 ; [Textbd.] ;)

https://www.glasmacher-friedrich.de/glas-herstellung-geschichte-boehmen.htm (Stand 21.06.2018)

https://www.lexikon-erster                weltkrieg.de/Friedrich,_Erzherzog_von_Österreich (Stand 01.06.2018)

http://www.luzicke-hory.cz/mista/index.php?pg=zmmsemd
(Stand 21.06.2018)

https://de.wikipedia.org/wiki/Guido_Novak_von_Arienti    (Stand
21.11.2018)

https://www.heeresgeschichten.at/sonstiges/handbuch_uo/marsch
/marsch1.htm (Stand 21.11.2018)

https://educalingo.com/de/dic-de/feldwache  (Stand  09.06.2018);
K.u.k. Kriegspressequartier, Lichtbildstelle – Wien

https://de.wikipedia.org/wiki/Liste_der_k.u.k._Kampftruppen
_im_Juli_1914#Nr._41%E2%80%9350 (Stand 21.11.2018)

http://archivportal.at/detail.aspx?ID=2642829 (Stand 21.11.2018)

http://www.elisabethkovacs.com/wp-content/uploads/61.-
bis-80.-Lazare-Weiller-an-das-franz%C3%B6sische-
Au%C3%9Fenministerium-Note-sur-une-Proposition-
Autrichienne.pdf (Stand 21.11.2018)

http://digi.landesbibliothek.at/viewer/image/AC00999882/2/
(Stand 21.11.2018)

# Personenregister

# Ortsregister

# Bildnachweis

Fotothek df rp-b 0840021 Arnoltice (Arnsdorf).Turmholländer.jpg (Stand 21.06.2018)

http://www.bildarchivaustria.at/Bildarchiv//BA/955/B13823767T13823772 .jpg (Stand 21.06.2018)

http://www.mlorenz.at/images/04_infanterie_39-78.jpg (Stand 11.11.2018)

https://www.google.de/search?q=Schlachten+Isonzo+Bilder&tbm=isch&tbo=u&source=univ&sa=X&ved=2ahUKEwikrOHEkszeAhXD26QKHYPrBhMQsAR6BAgGEAE&biw=1680&bih=878#imgrc=WwcCBSjW_gWO0M: (Kriegsfotoalbum aus der Hinterlassenschaft von Fritz Ortlieb) (Stand 11.11.2018)

http://www.historie.hranet.cz/heraldika/pdf/schmidt      brentano2007.pdf (Stand 11.11.2018)

https://de.wikipedia.org/wiki/August_von_Mackensen#/media/File:August _von_Mackensen_in_Uniform_der_Totenkopfhusaren.jpg (Први светски рат у Београду 57.jpg (Stand 11.11.2018)

http://www.mlorenz.at/images/04_infanterie_39-78.jpg (Stand 11.11.2018)

https://upload.wikimedia.org/wikipedia/commons/c/c1/Se-dinaric_river_basins_cikovac.jpg (Stand 11.11.2018)

Sämtliche verwendete Ansichtskarten befinden sich im Besitz des Herausgebers

**Titelbild:** Franz Joseph Grimmer als Rekrut im Kreis der Familie vor 1900
**Rückseite:** F. J. Grimmer